JN299278

Be as outrageous as you want to be.

ときには好きなだけわがままになってみればいい。

アルファポリス編集部・編

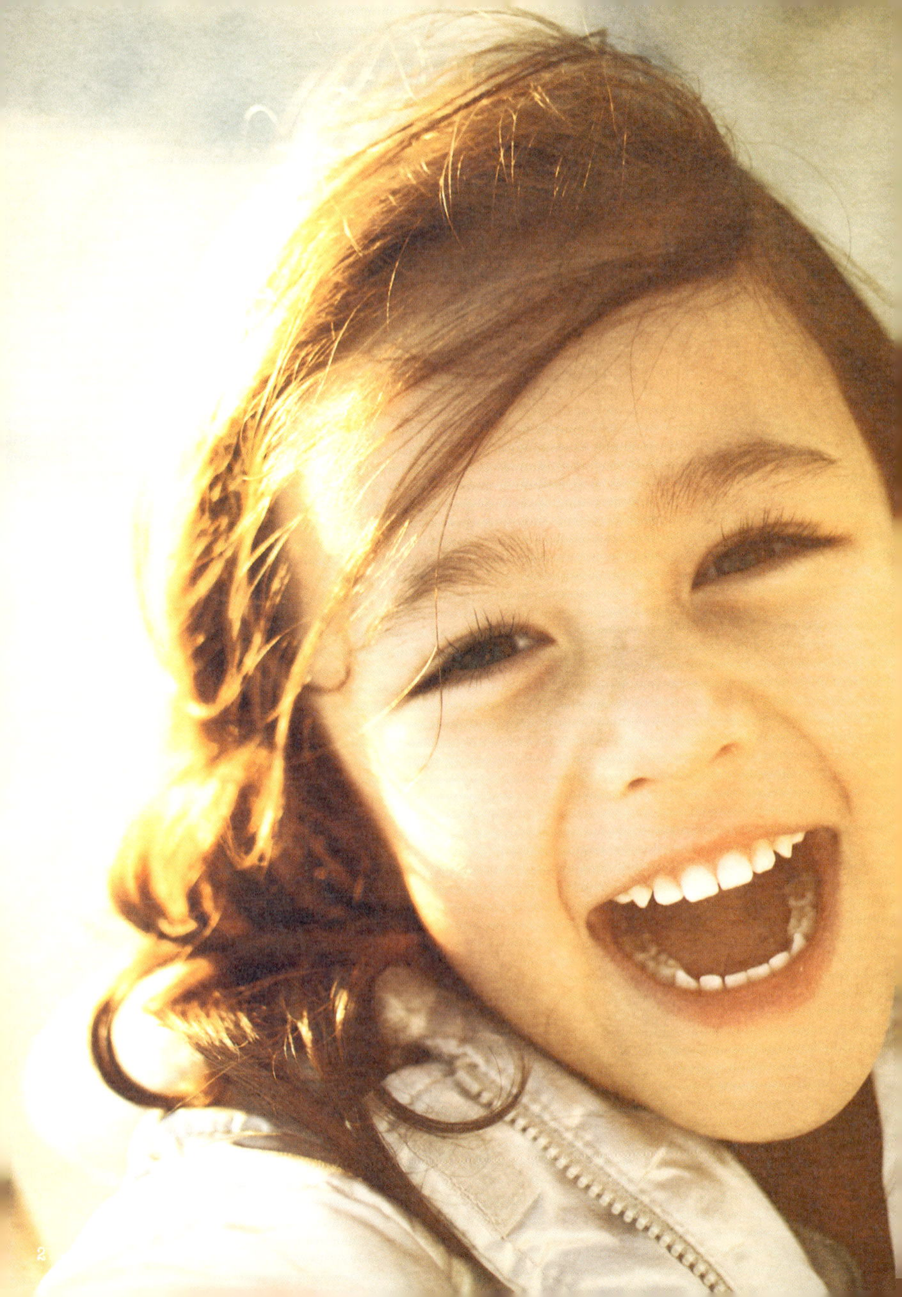

出来る限り笑おう。
いつも笑おう。
それは自分のために
できるたった一つの
素敵なこと、
誰かのためにもできる
最高のこと。

マヤ・アンジェロウ
（詩人、作家／アメリカ）

友とぶどう酒は古いほど良し。

イギリスの諺

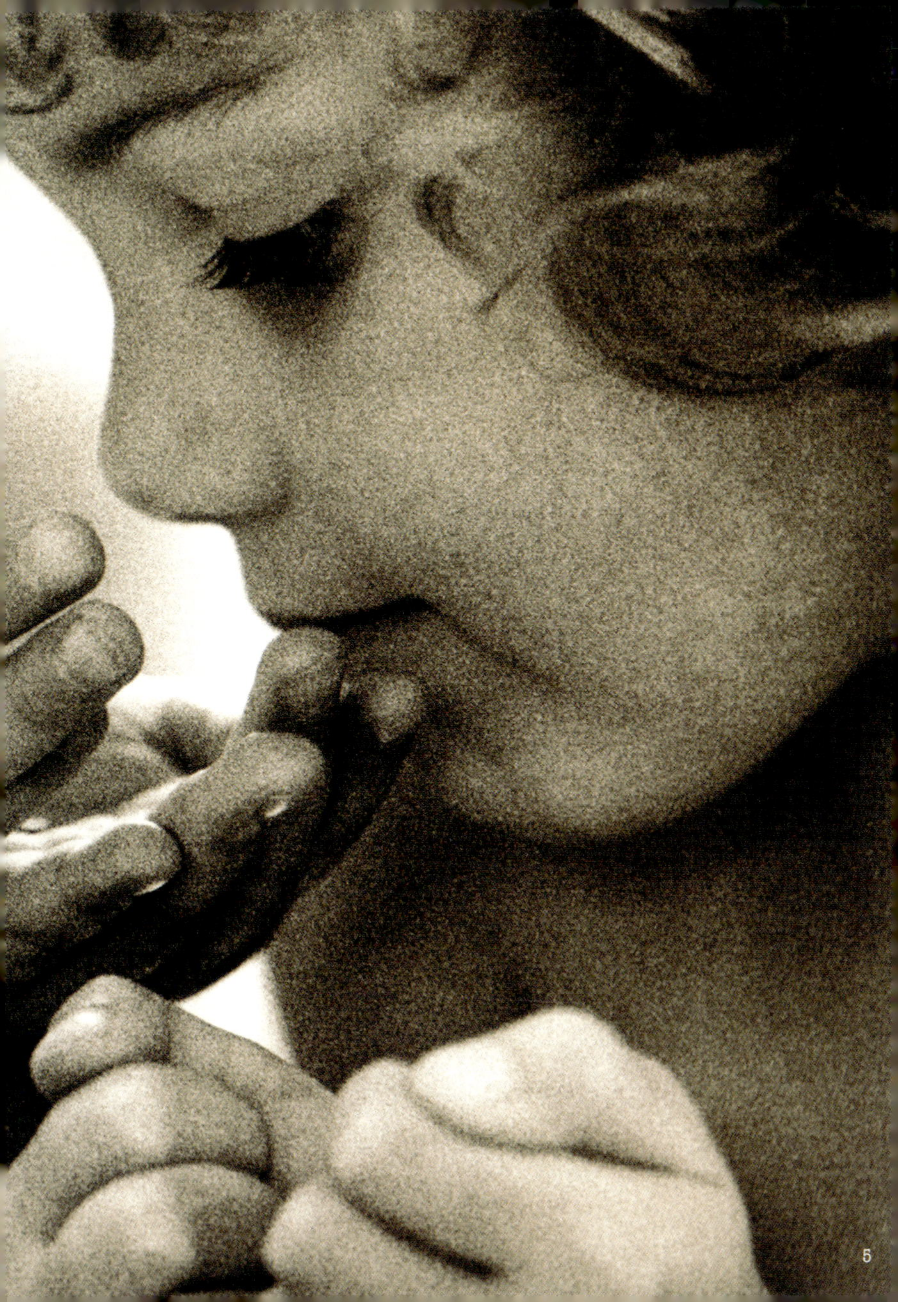

人生とは
動詞であって、
名詞ではない。

シャーロット・パーキンズ・ギルマン
(作家、講師 / アメリカ)

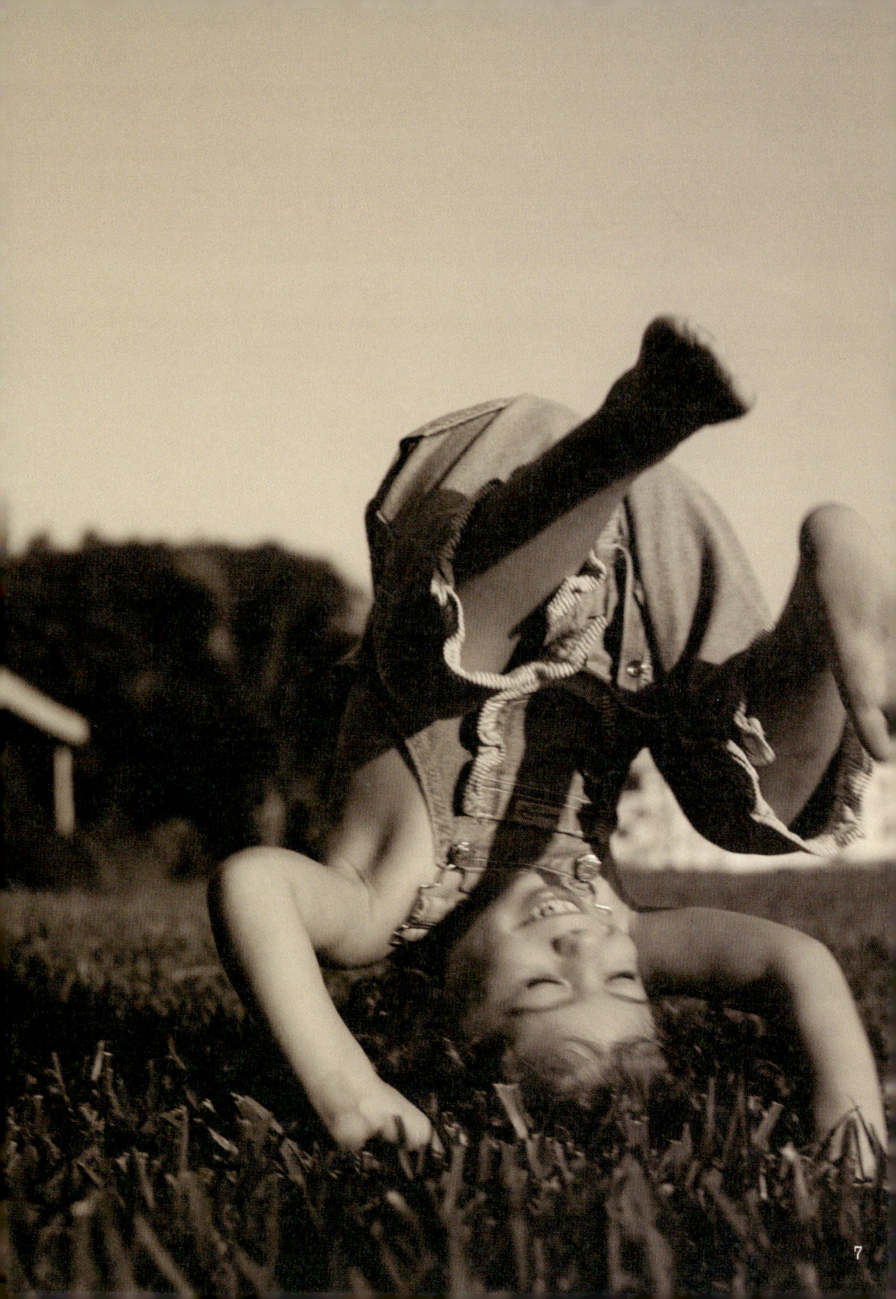

陽気に生きるというのは
実はとんでもないほど
大真面目な仕事です。
何より楽しくて
でも何より疲れる。

バーバラ・グリッツィ・ハリスン
(作家、ジャーナリスト/アメリカ)

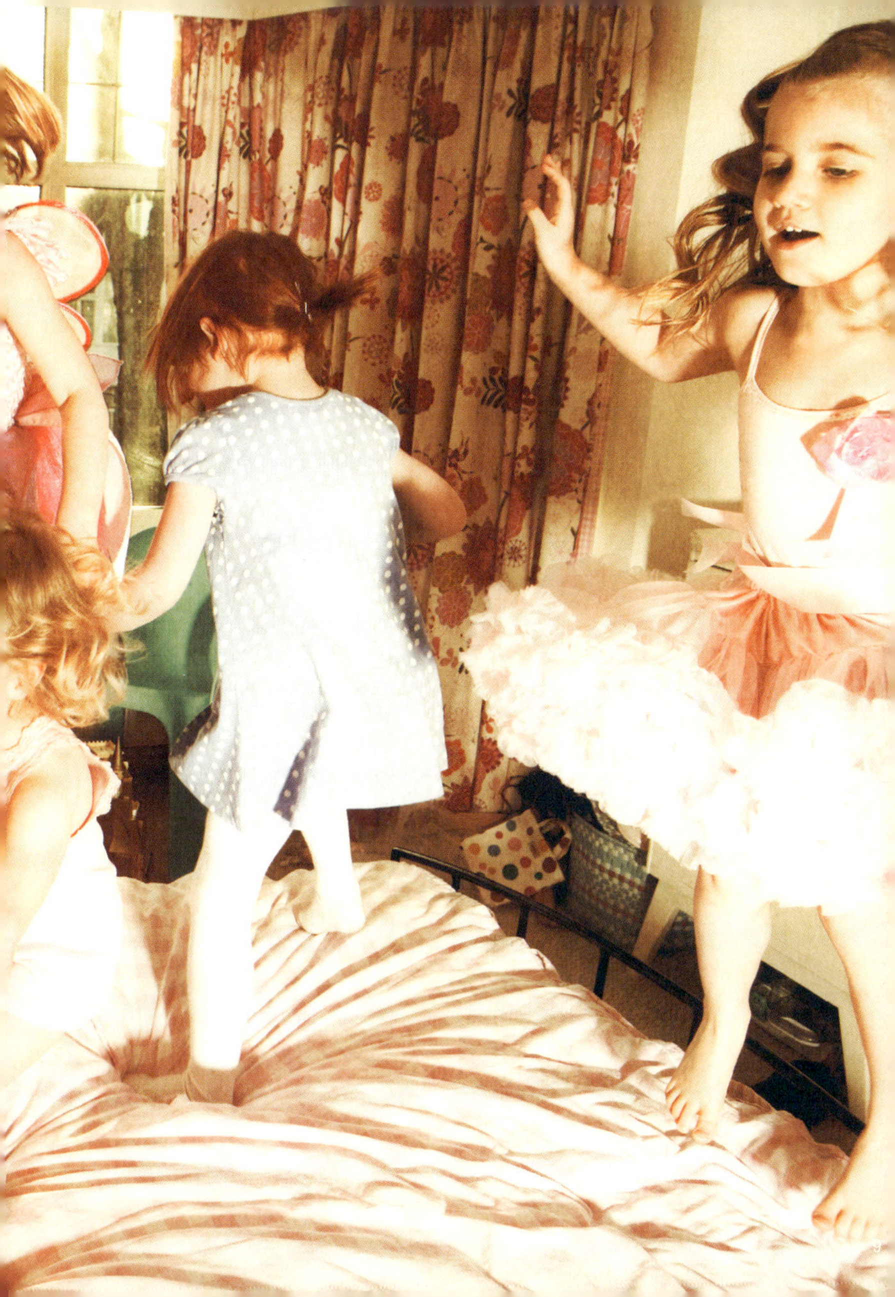

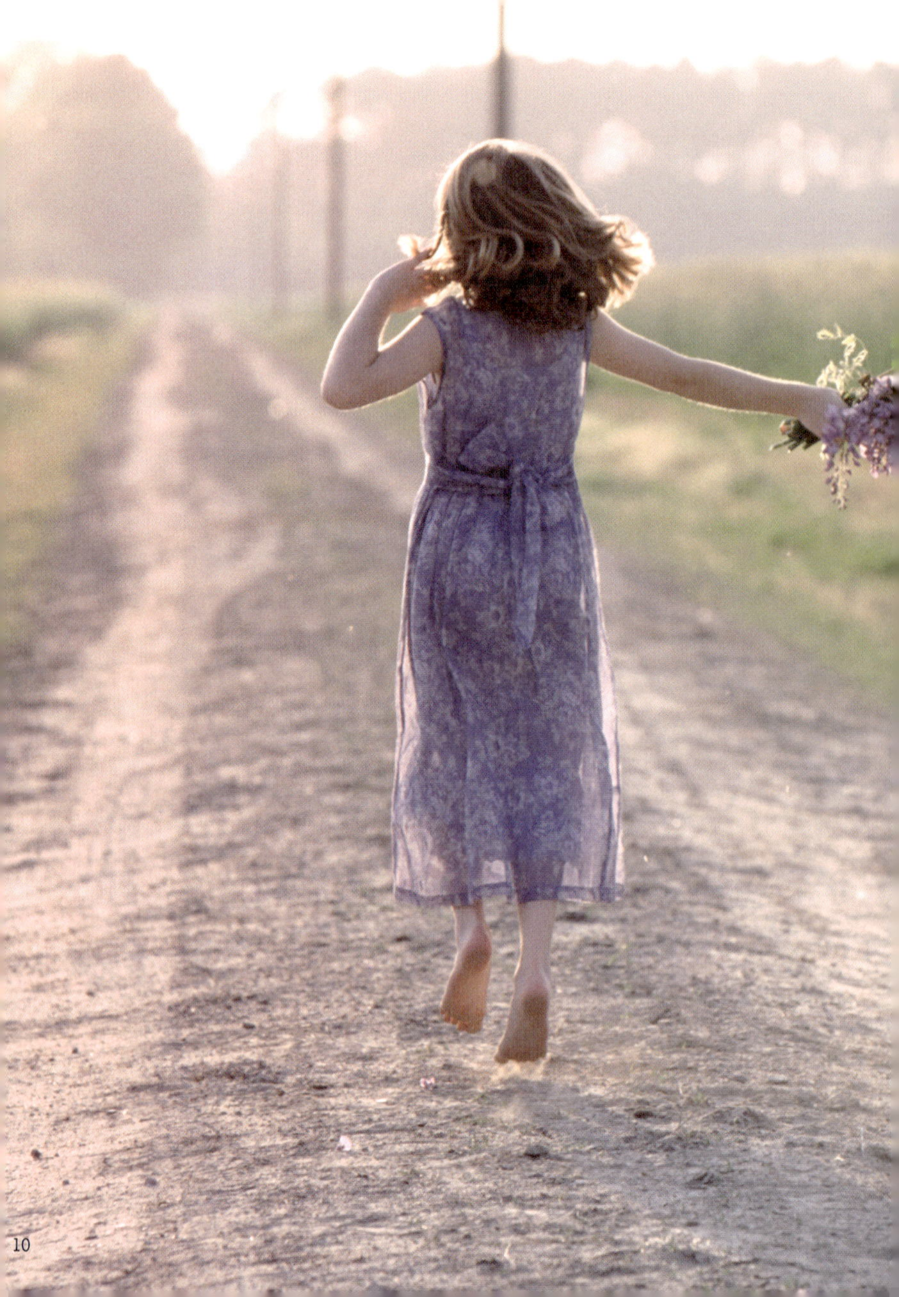

わたしはいつも、

自分がこれまで

何をしてきたかより、

これから何がしたいのかに

興味がある。

レイチェル・カーソン
(海洋生物学者、作家 / アメリカ)

ただメークをして、
外に出て、
何かをしてこよう。

エマ・バントン
(歌手/イギリス)

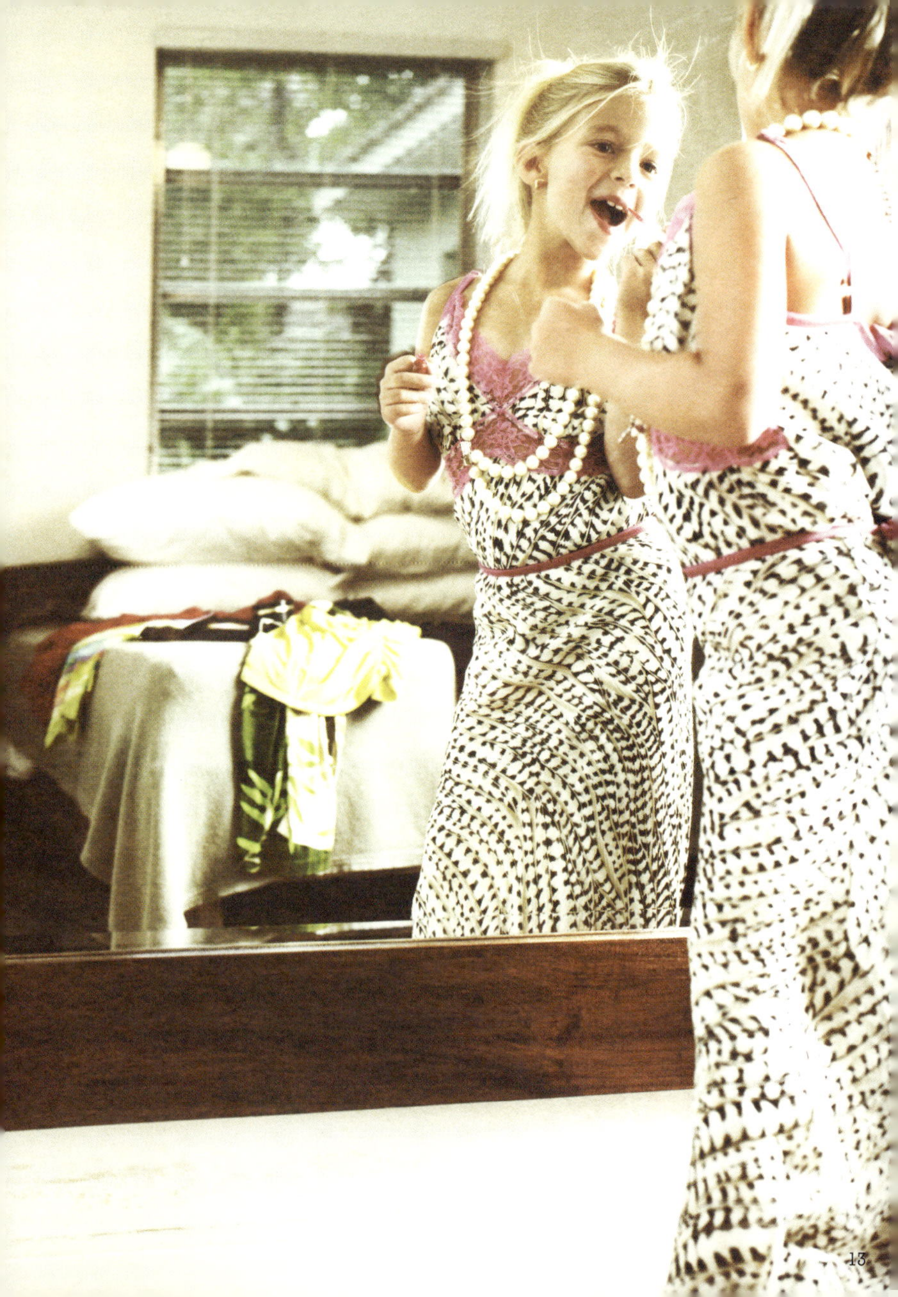

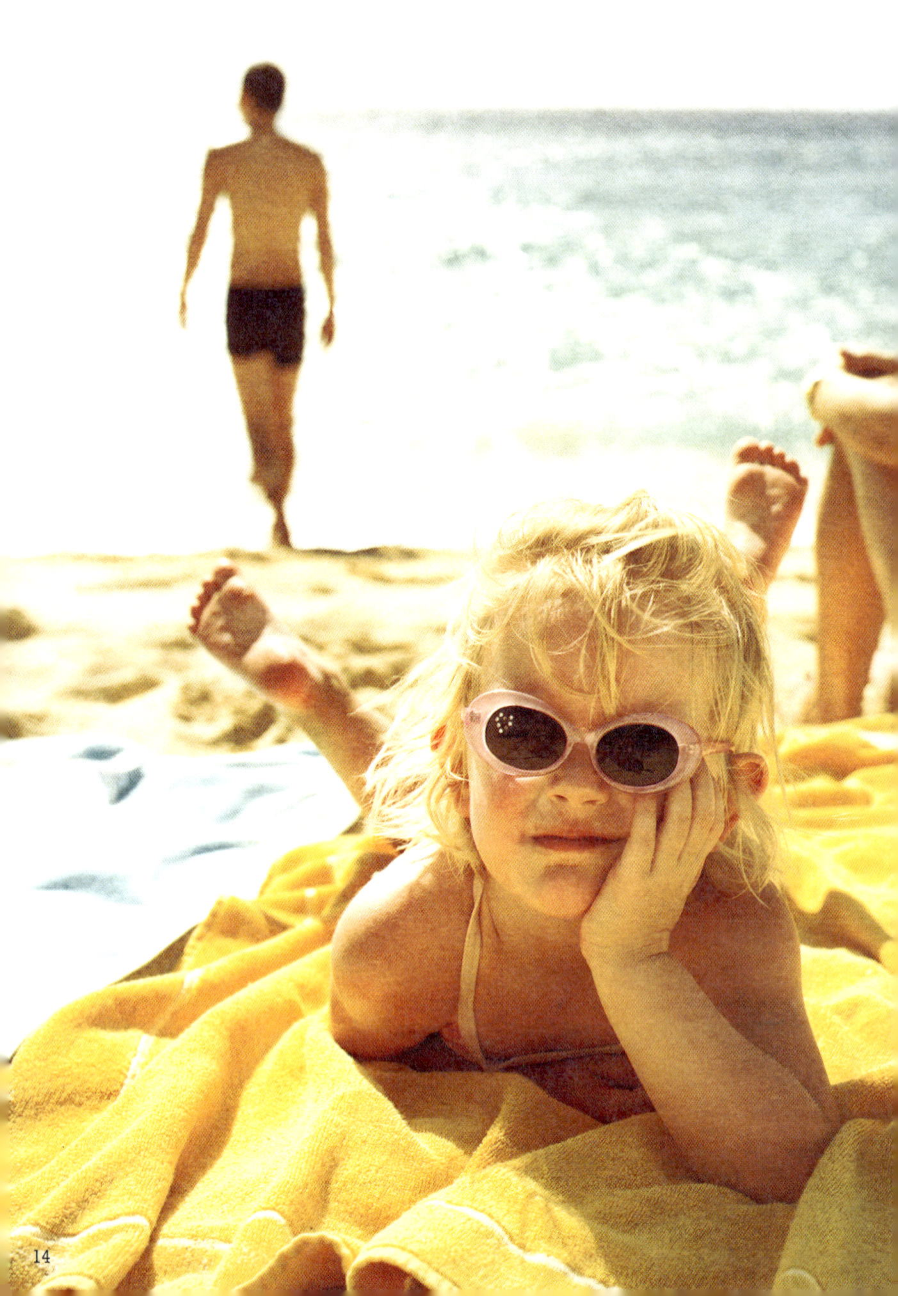

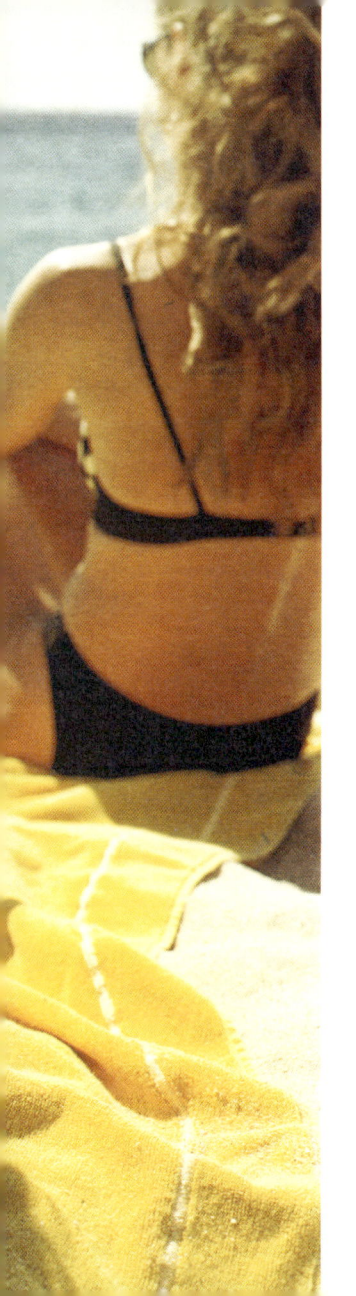

ときには好きなだけ
わがままに
なってみればいい。

ペギー・クラウス
(事業経営者/アメリカ)

さあ、
今日を過ごしていけ。

ローラ・シュレシンジャー
(ラジオ番組の司会者/アメリカ)

17

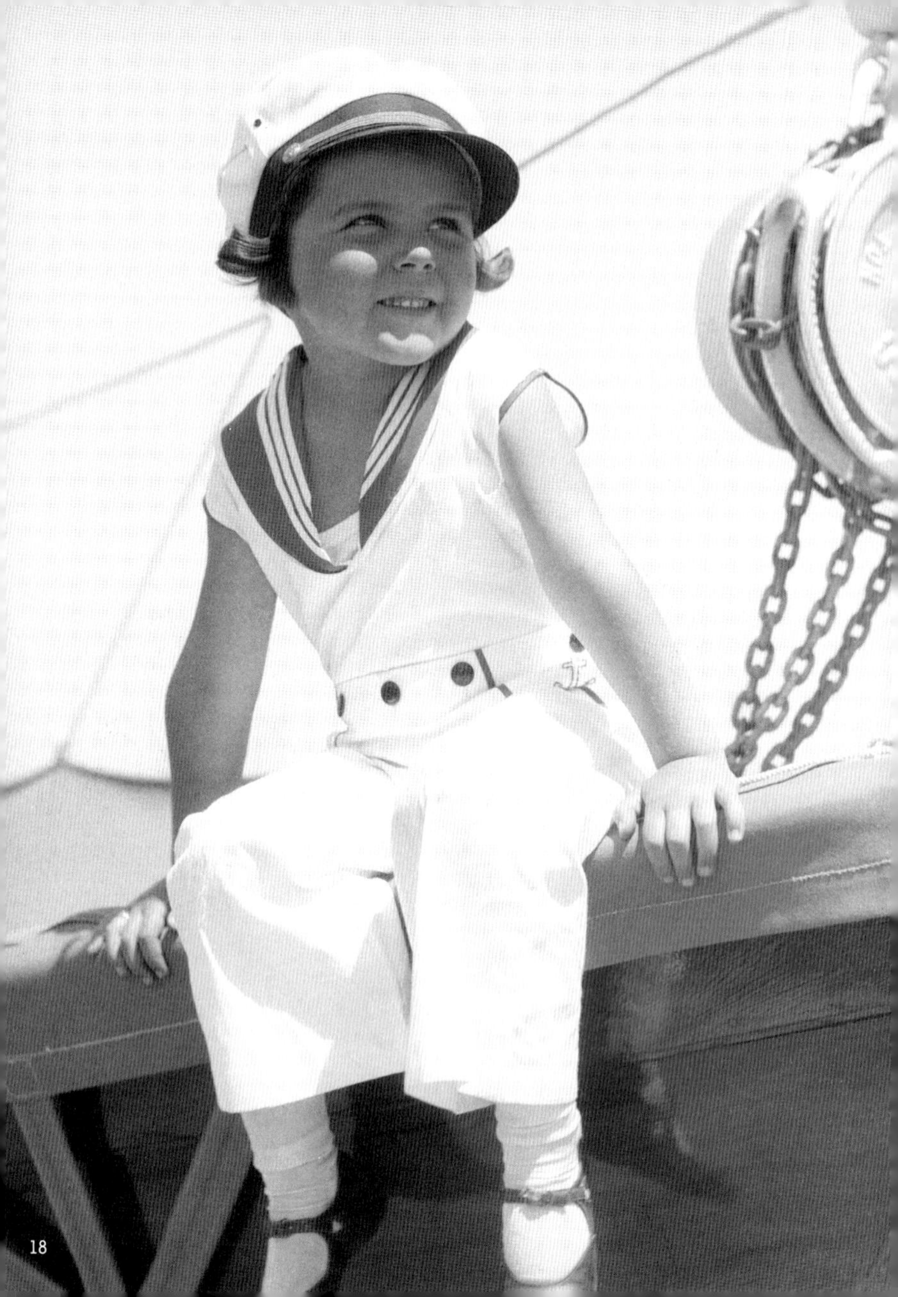

わたしは嵐を
恐れない。
航海の仕方を
学んでいるから。

ルイーザ・メイ・オルコット
(作家/アメリカ)

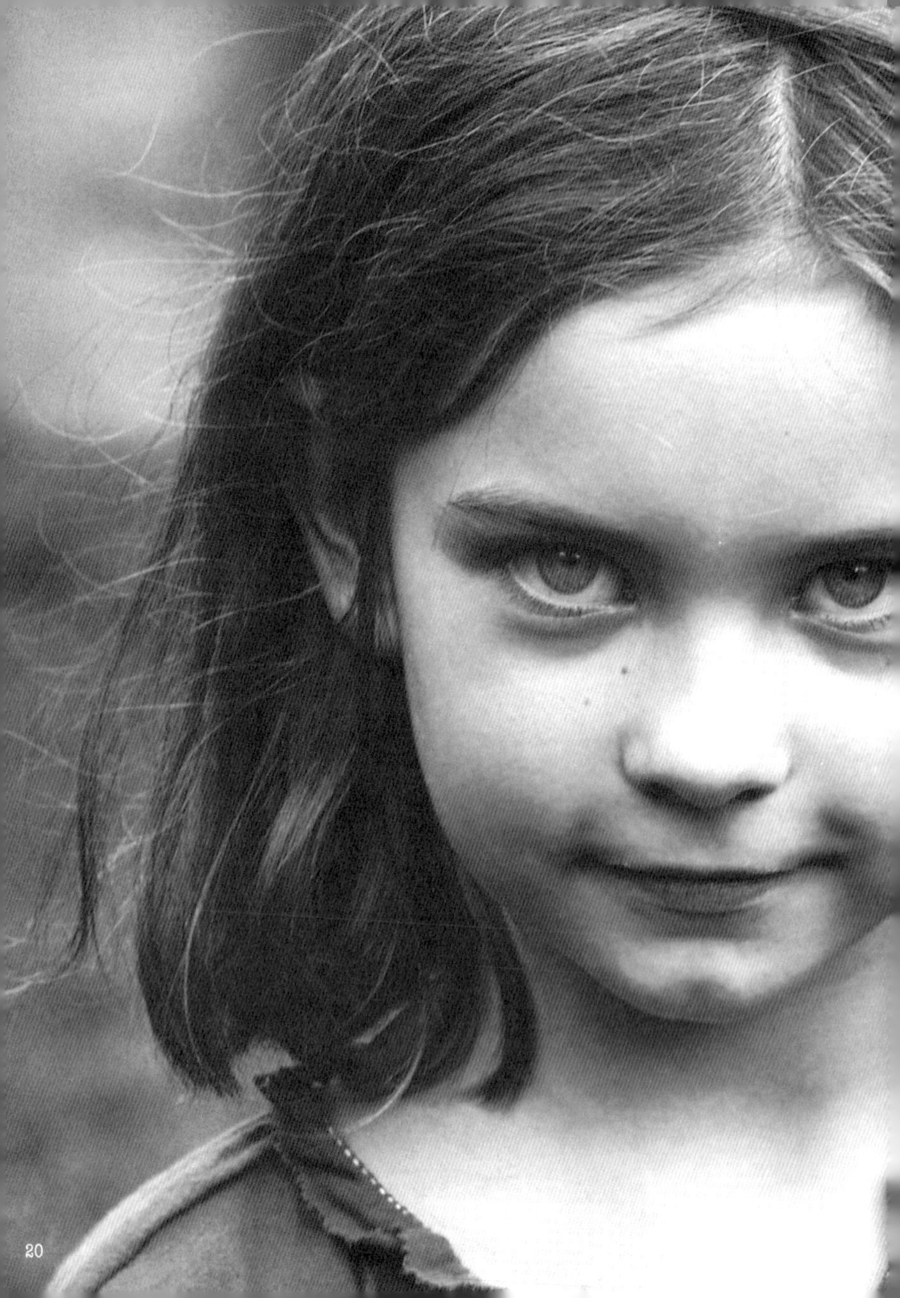

自分を
妥協するな。
あなたは
あなただ。

ジャニス・ジョプリン
(歌手/アメリカ)

22

間違いは

事実として起こるもの。

大切なのは、

そのときあなたが

どう対処するか。

ニッキ・ジョヴァンニ
(詩人/アメリカ)

おかしなことを
考える女だけが、
不可能なことを
成し遂げる。

ロビン・モーガン
(作家/アメリカ)

25

不明

誰かを本気で愛さない限り、
あなたは本当の幸せを
知ることができない。
そして大切な何かをなくさない限り、
あなたは本当の痛みを
知ることができない。

わたしを動かすには

2つの方法がある。

ひとつはキス。

もうひとつは

イマジネーション。

アナイス・ニン
(作家/フランス)

29

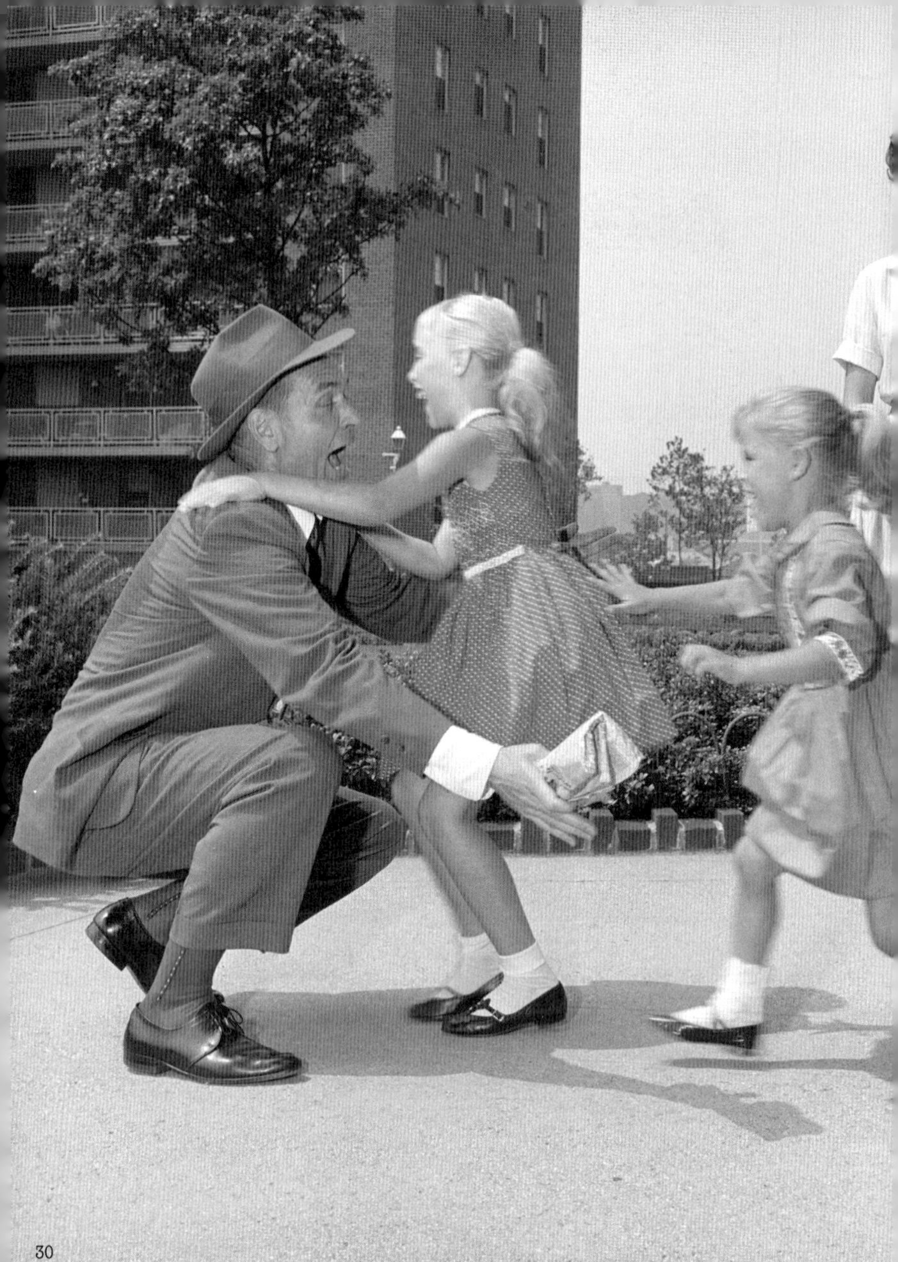

人間が

はるか昔から

必要としているものの一つは、

あなたが夜家に帰らなかったとき、

どこにいったのだろうと

心配してくれる人たちがいることだ。

マーガレット・ミード
（文化人類学者／アメリカ）

痛みを早く
和らげるには、
心にゆとりを
持つこと。

リリー・トムリン
（コメディアン、女優／アメリカ）

33

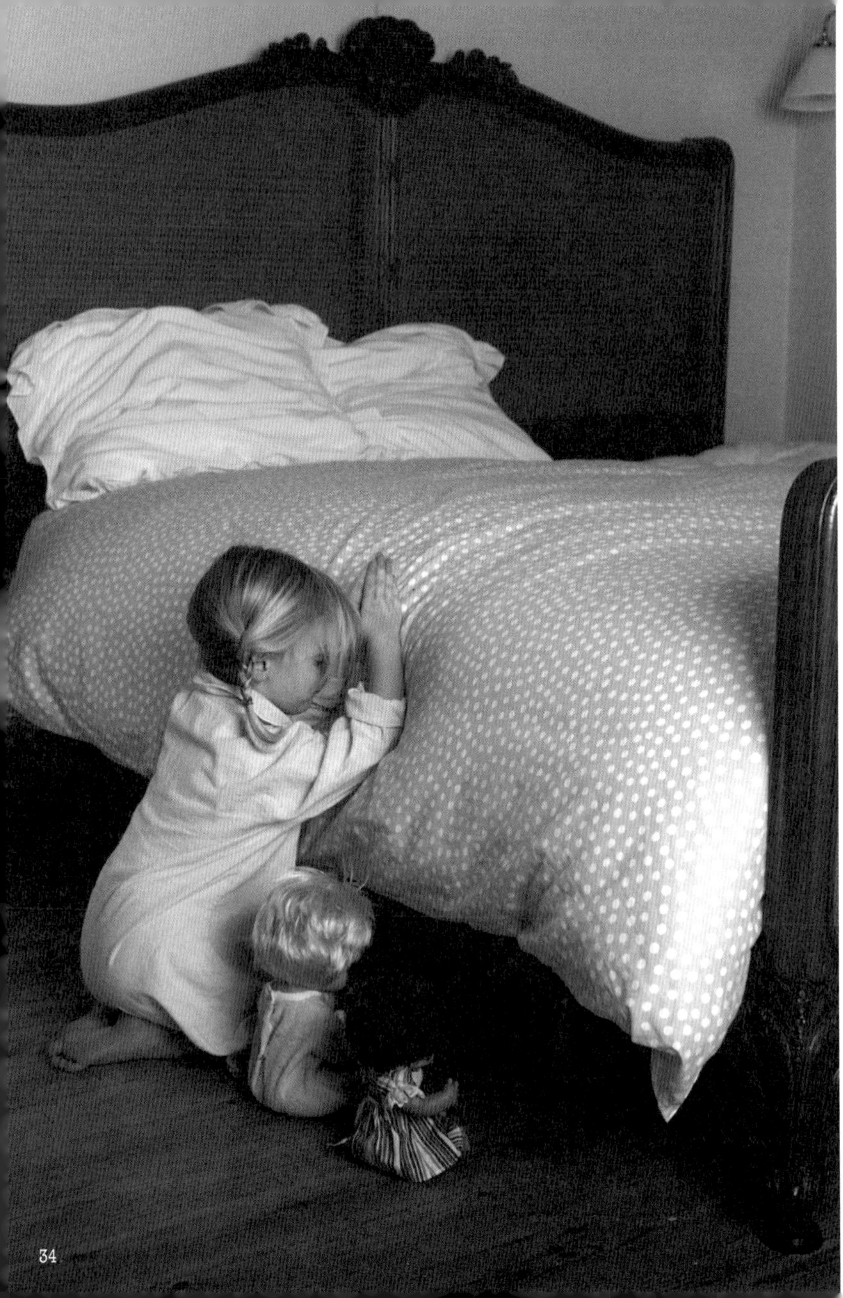

ときどき自分の枕を
抱きながら、夜、
泣くことだってある。
でもだからと言って、
人生すべてが
悪いってわけじゃない。
人生なんてそんなもの。
だから人生は
豊かなのよ。

ゴールディ・ホーン
（女優/アメリカ）

あなたの情熱が
あなたの本当の力だ。
自分の内なる情熱を探しあて、
それをもっとうまく表現できれば、
あなたは他人にとってさらに
魅力的な存在になる。

バーバラ・デ・アンジェリス
(作家、心理学者 / アメリカ)

人生は、
楽でなくてもいいのよ。
大切なのは、
空っぽにならないこと
だけ。

ライザ・ミネリ
(女優、歌手/アメリカ)

39

わたしは
自由な精神でいたいの。
わたしの
そんなところを嫌う人もいるけれど、
でもそれが
わたしという人間なのよ。

ダイアナ
(王妃/イギリス)

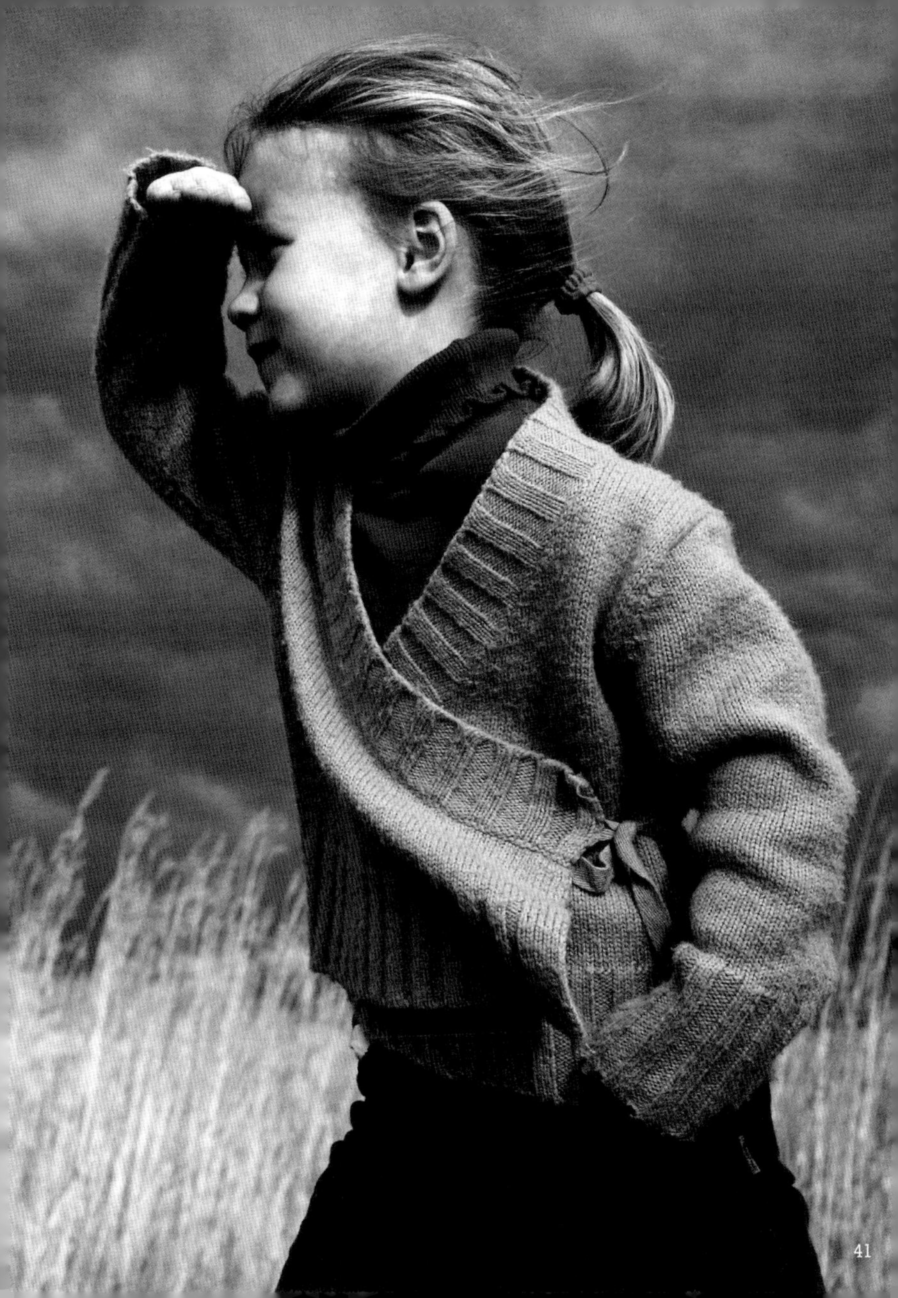

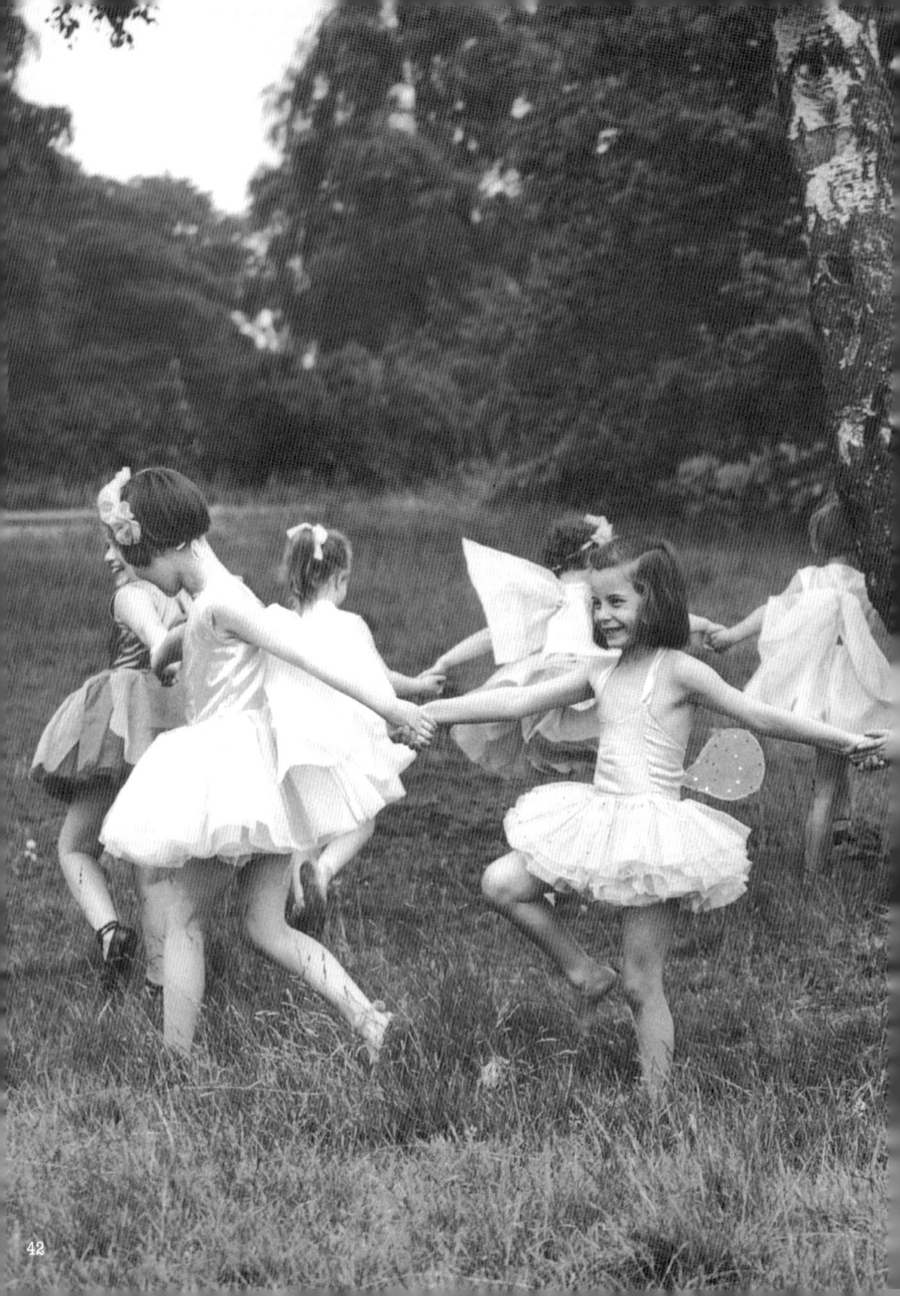

もし冬がなければ、
春は楽しくならないだろう。

アン・ブラッドストリート
（詩人/アメリカ）

自分から逃げれば逃げるほど、
生き甲斐も遠ざかる。

淡谷のり子
(歌手/日本)

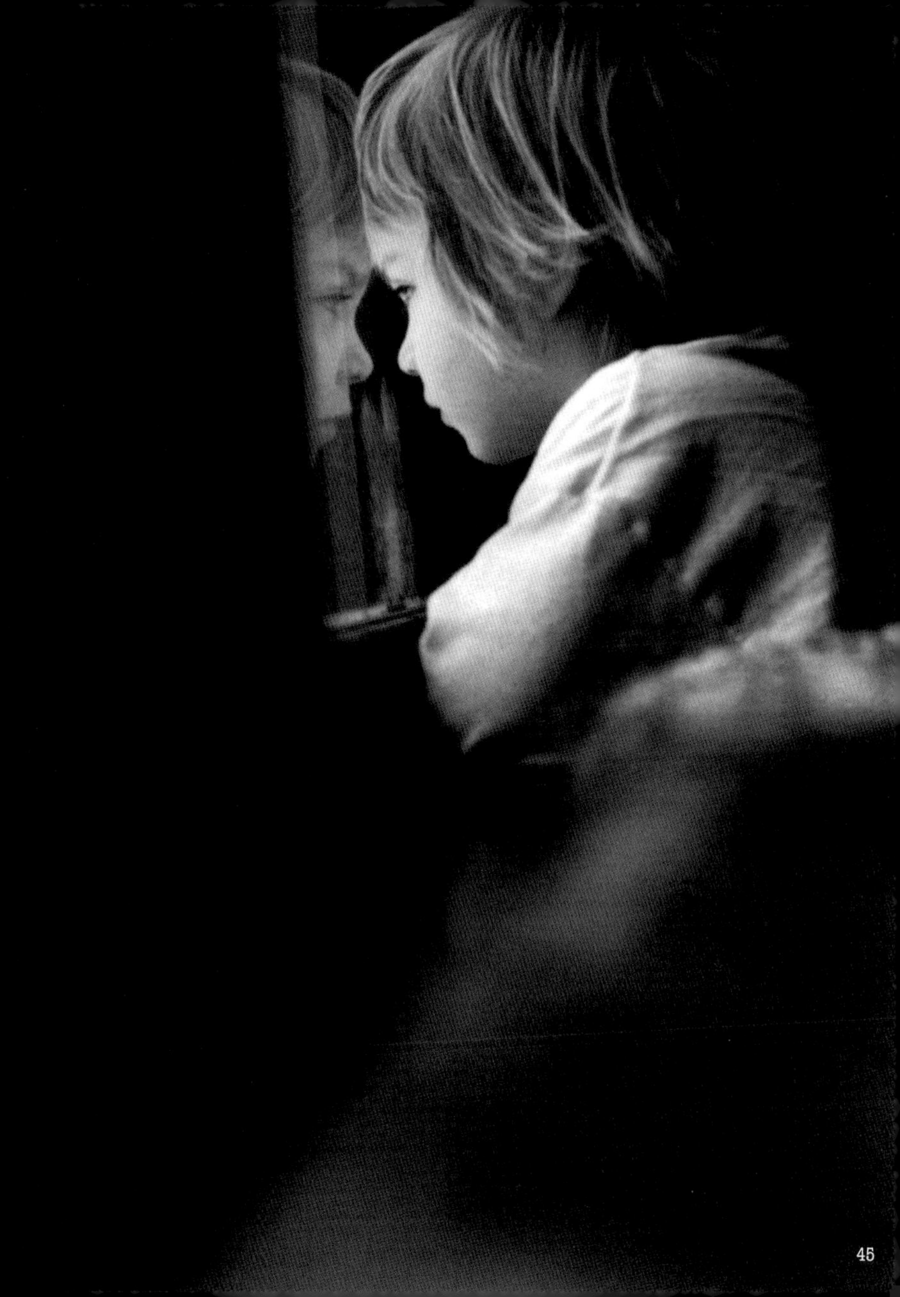

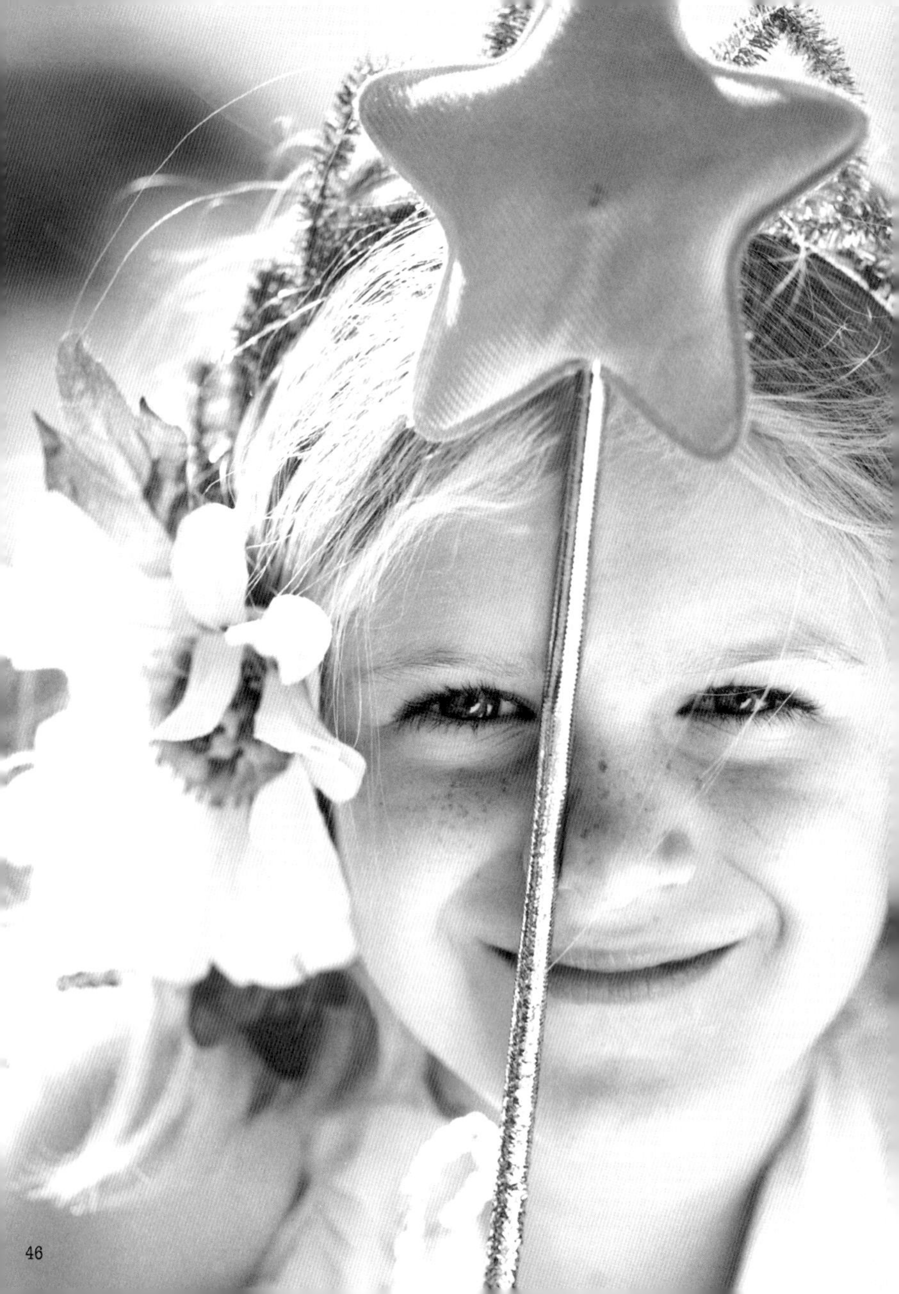

わたしはわたしだけの

個人的な魔法を

強く信じている。

スーザン・サランドン
(女優/アメリカ)

自分が
どうやって死ぬか、
そして
いつ死ぬかは
選ぶことができない。
でも自分がいま、
どんな風に
生きていきたいかだけは
選ぶことができる。

ジョーン・バエズ
(歌手、作詞家/アメリカ)

49

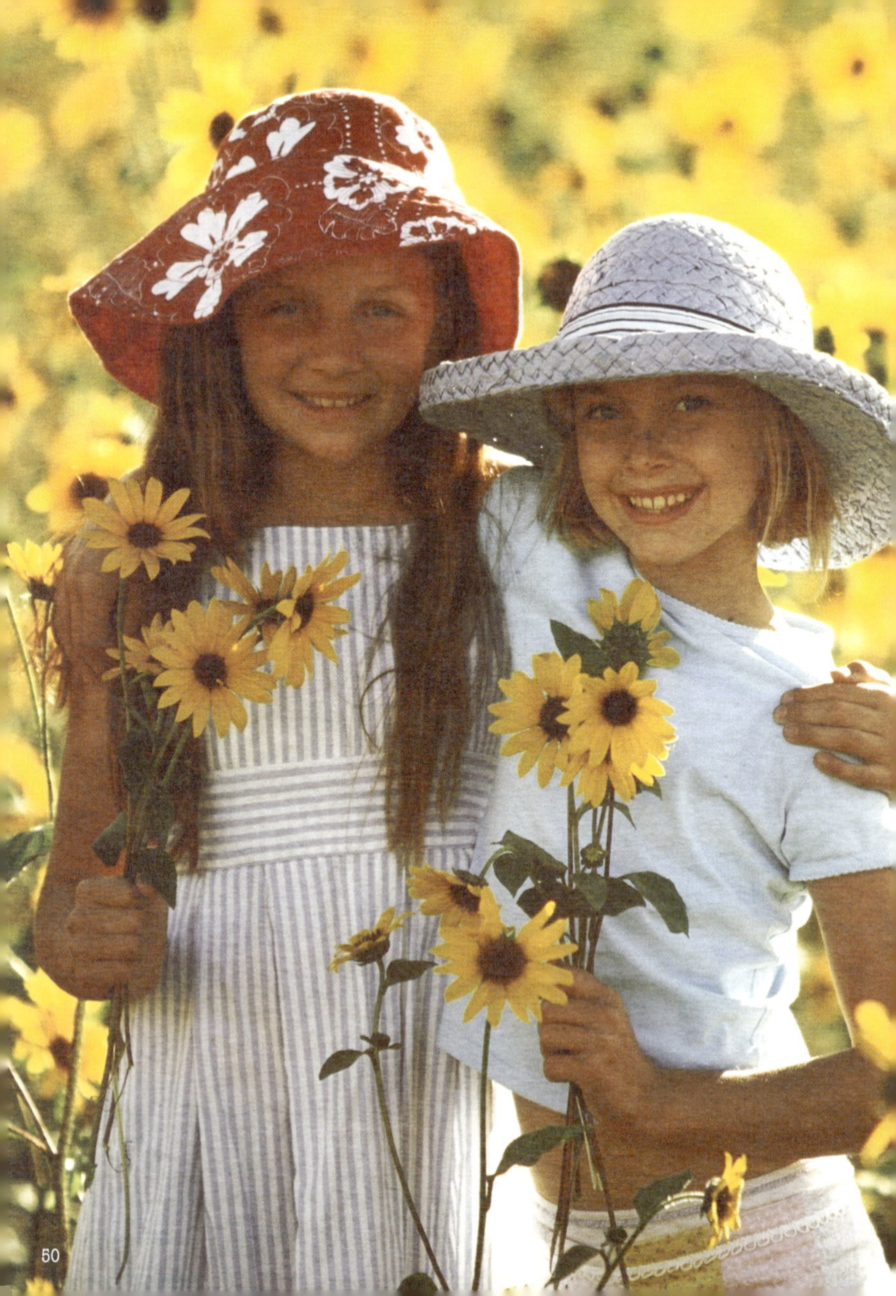

未来は、
自分の夢の美しさを
信じている人たちの
もの。

エレノア・ルーズベルト
(大統領夫人/アメリカ)

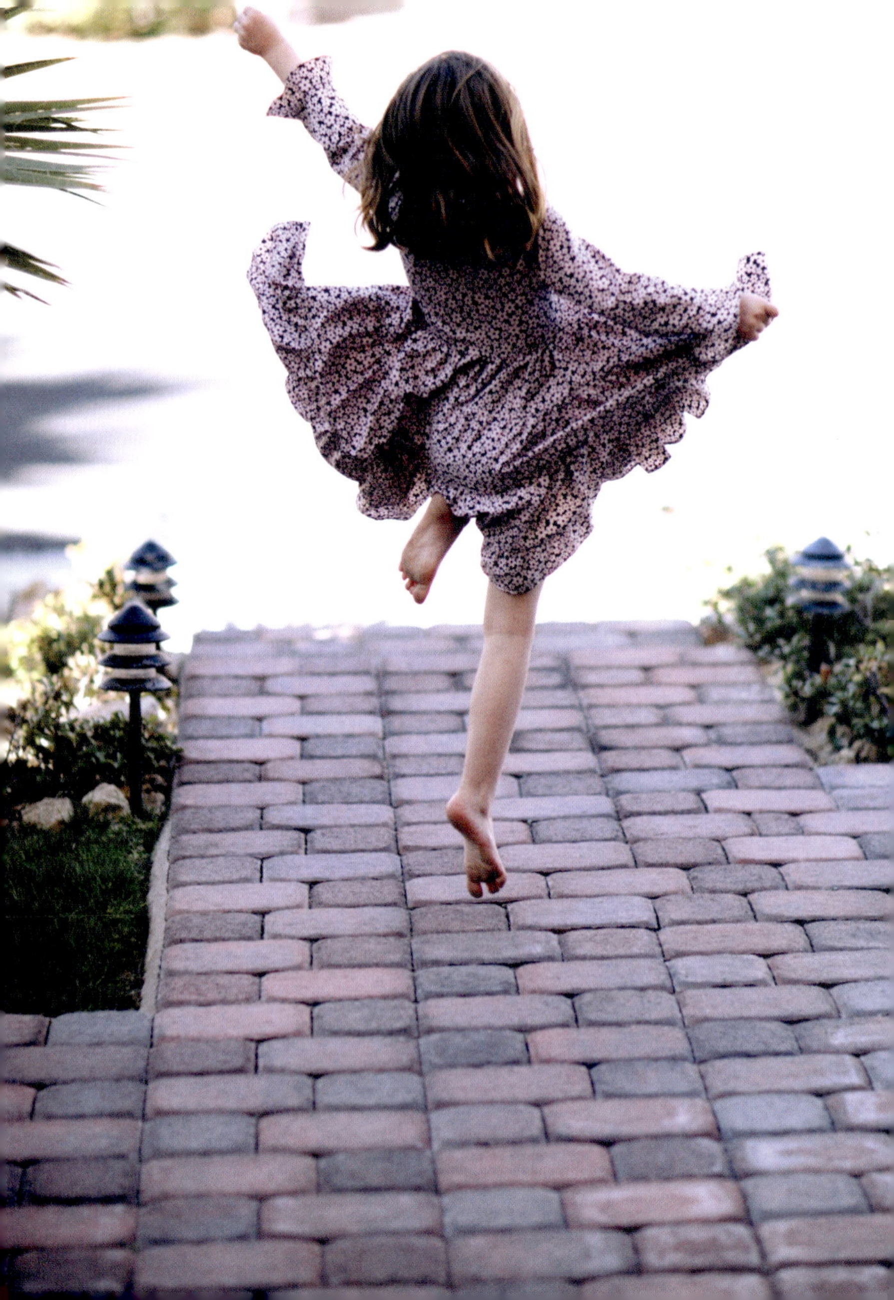

すべての良い事を

無駄にせず、

すべての悪い事は

無視する。

サラ・ティーズデール
(詩人/アメリカ)

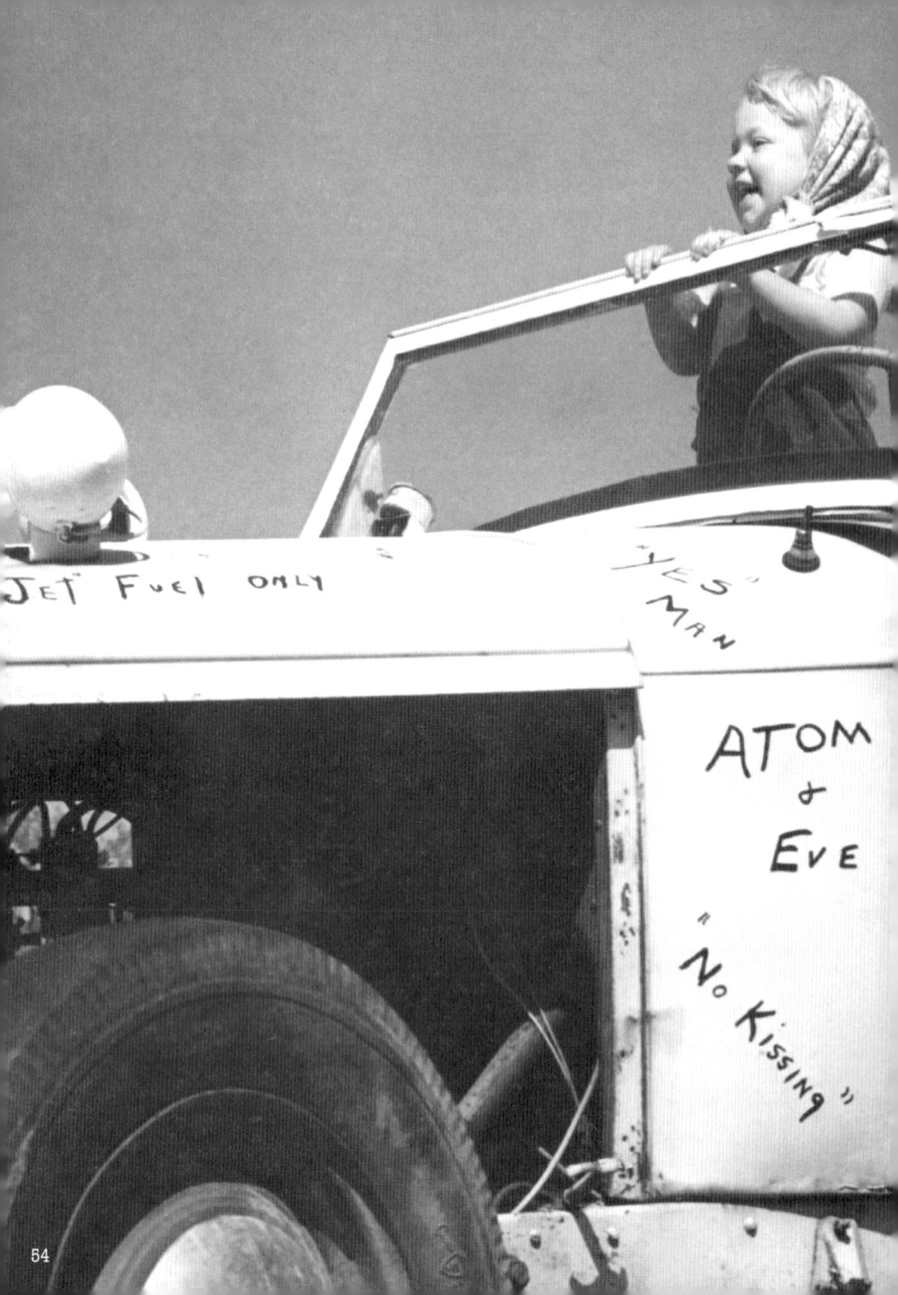
"JET" FUEL ONLY
"YES" MAN
ATOM & EVE
"NO KISSING"

自分が行ったことのない
場所に行くのが、
わたしの好きなこと。

ダイアン・アーバス
(写真家/アメリカ)

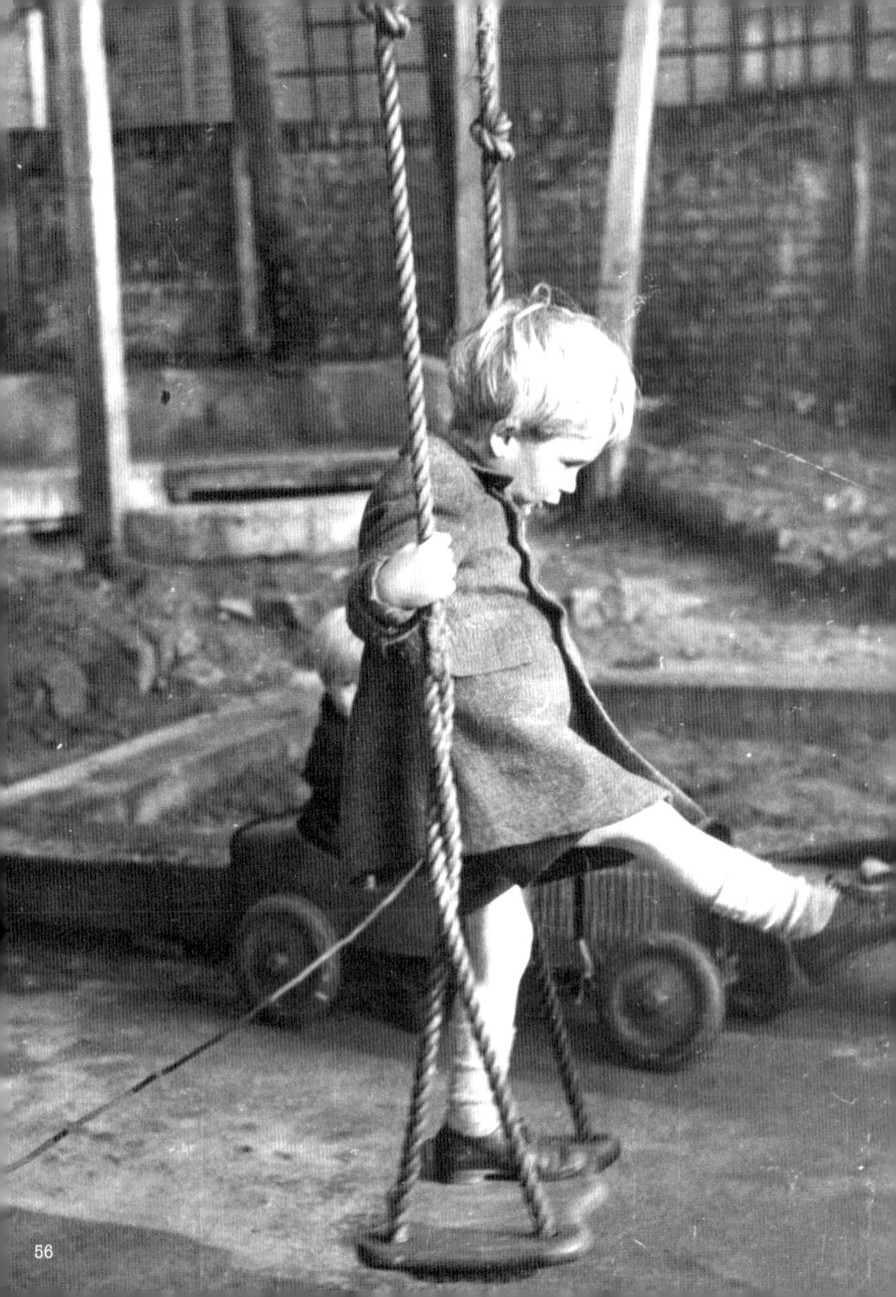

人生が退屈なものになってしまう

きっかけはただひとつ。

あなたが

未来への関心を

失ってしまったときだけ。

ベティ・デイビス
(女優/アメリカ)

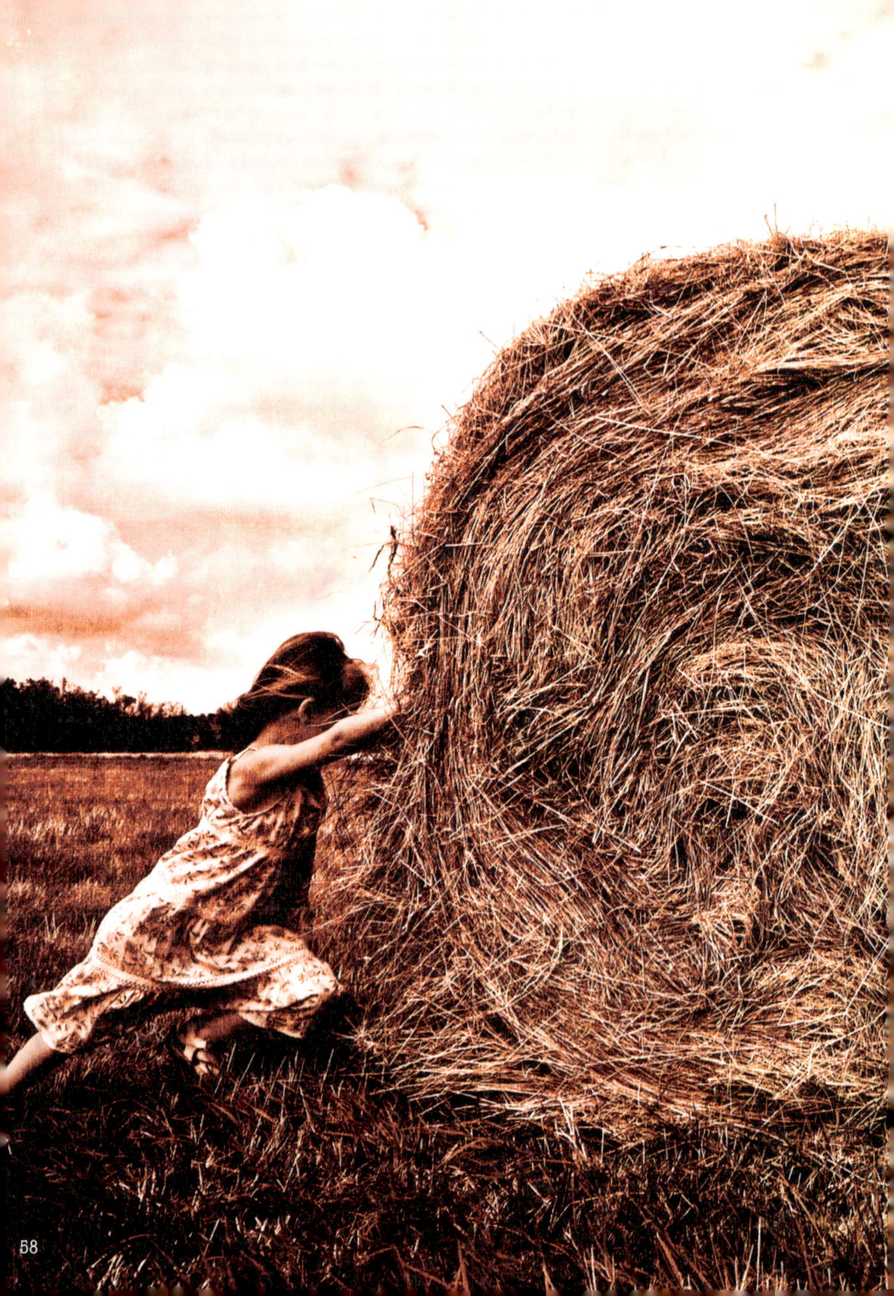

扉がいつも閉まっているなんて思わず、
押してみること。
たとえ昨日閉まっていたからといって、
今日も閉まっているとは限らない。

マリアン・ライト・エデルマン
(児童擁護活動家、作家/アメリカ)

歳をとるから笑わなくなるのではない。
笑わなくなるから歳をとるのだ。

不明

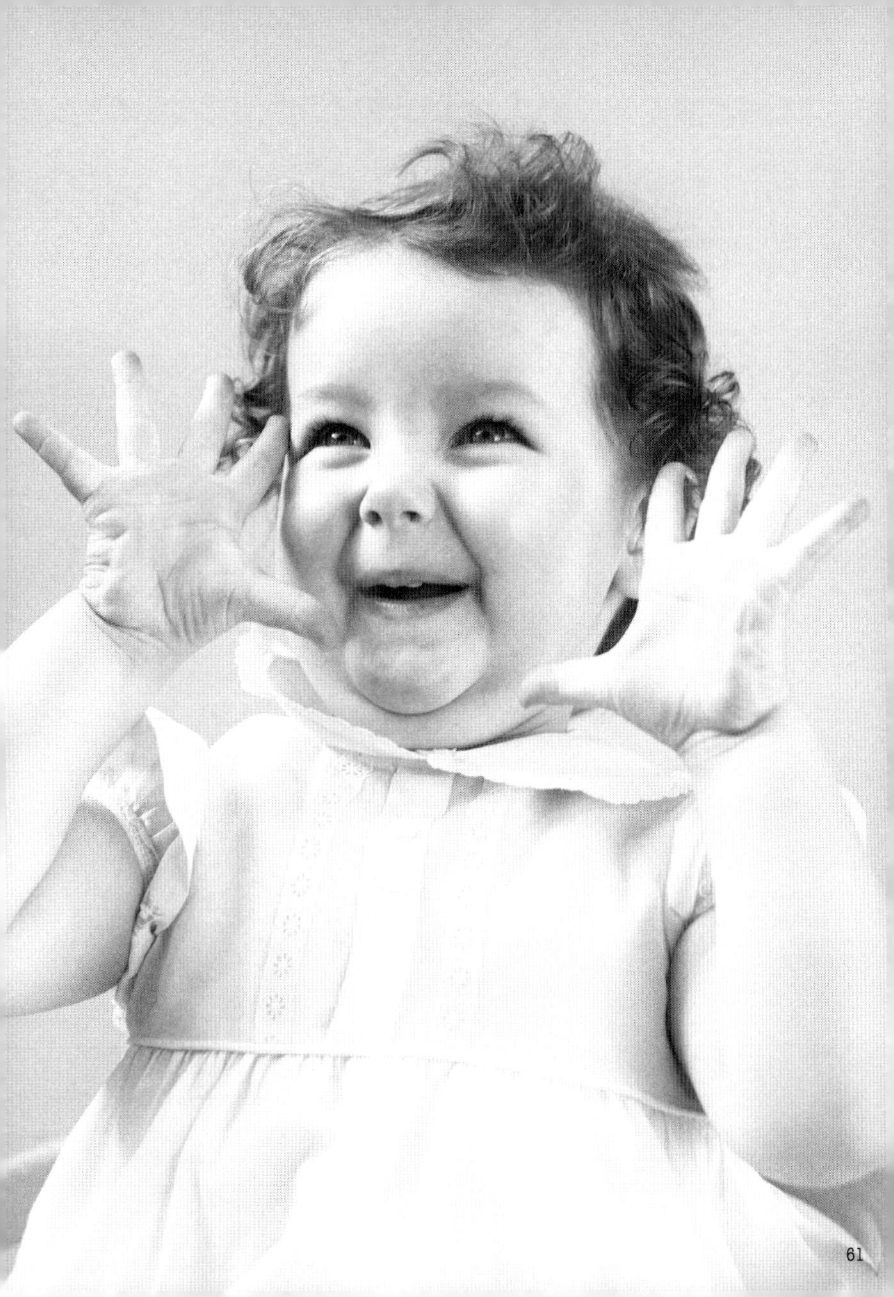

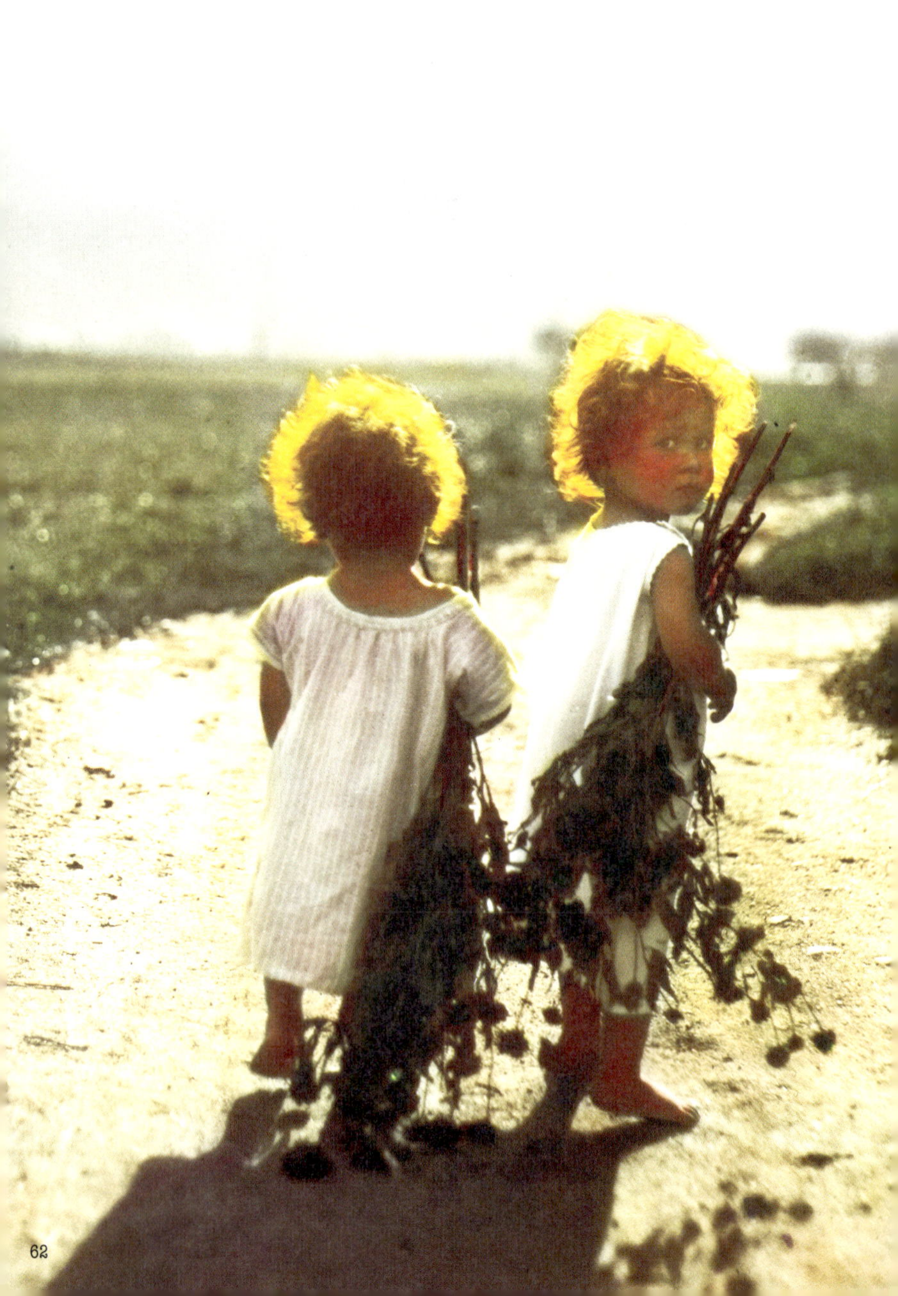

道に迷うことは、
道を知ることだ。

スワヒリの諺

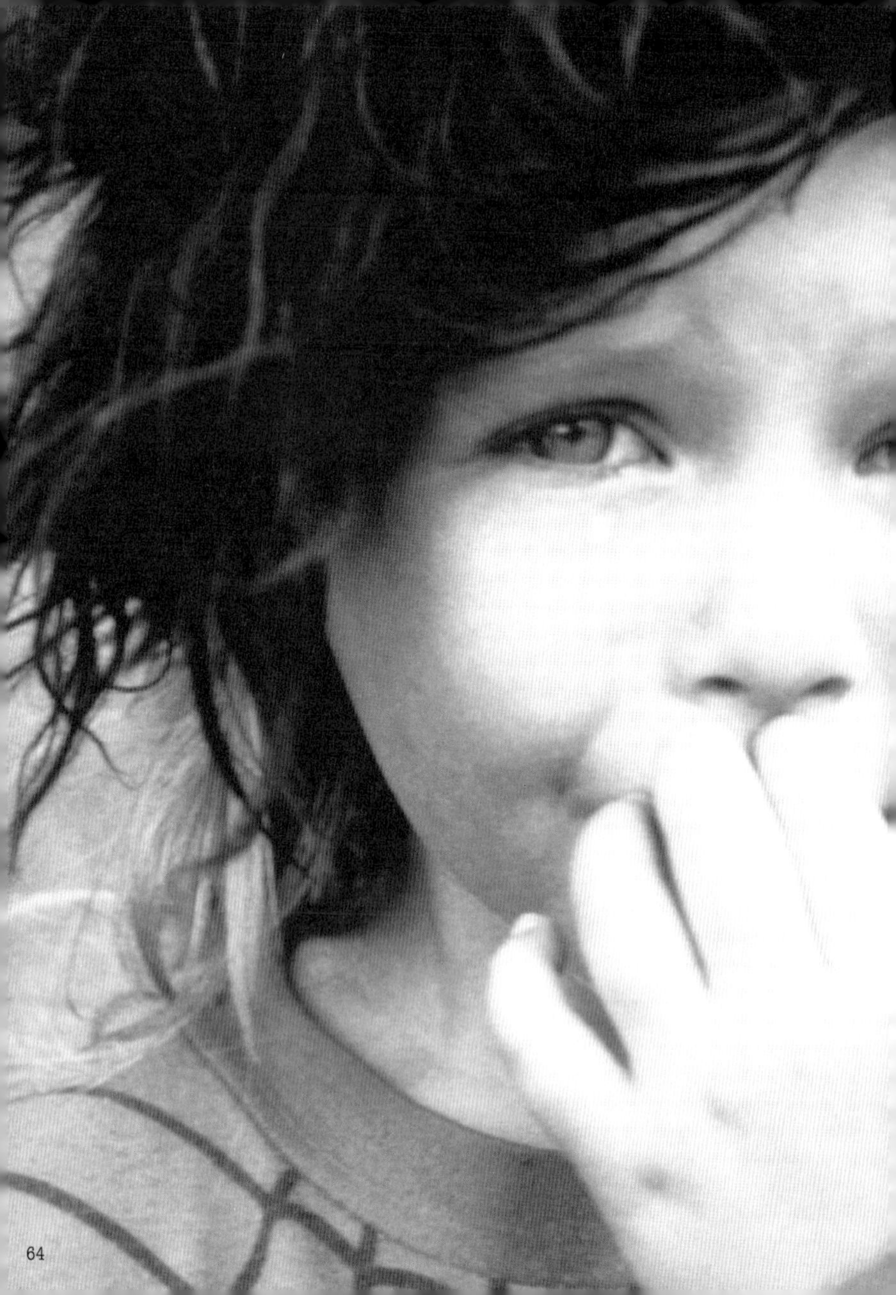

もしあなたが
泣いたことがないのなら、
あなたの目は
美しいはずがない。

ソフィア・ローレン
（女優/イタリア）

まず先に
夢を見ない限り、
何かを
達成することなど
できない。
たとえそれが
小さなことでも、
大きなことでも。

ローラ・インガルス・ワイルダー
(教師、作家 / アメリカ)

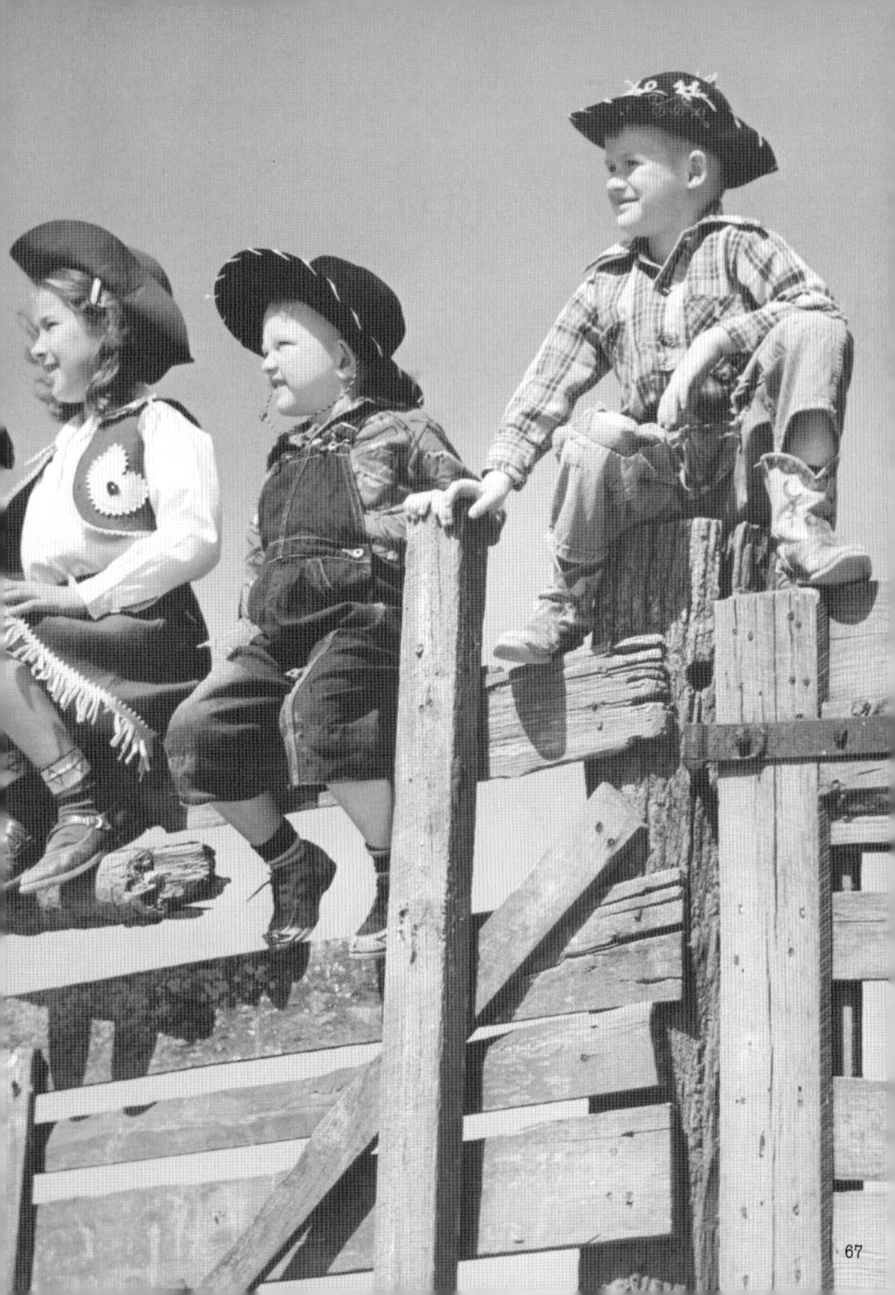

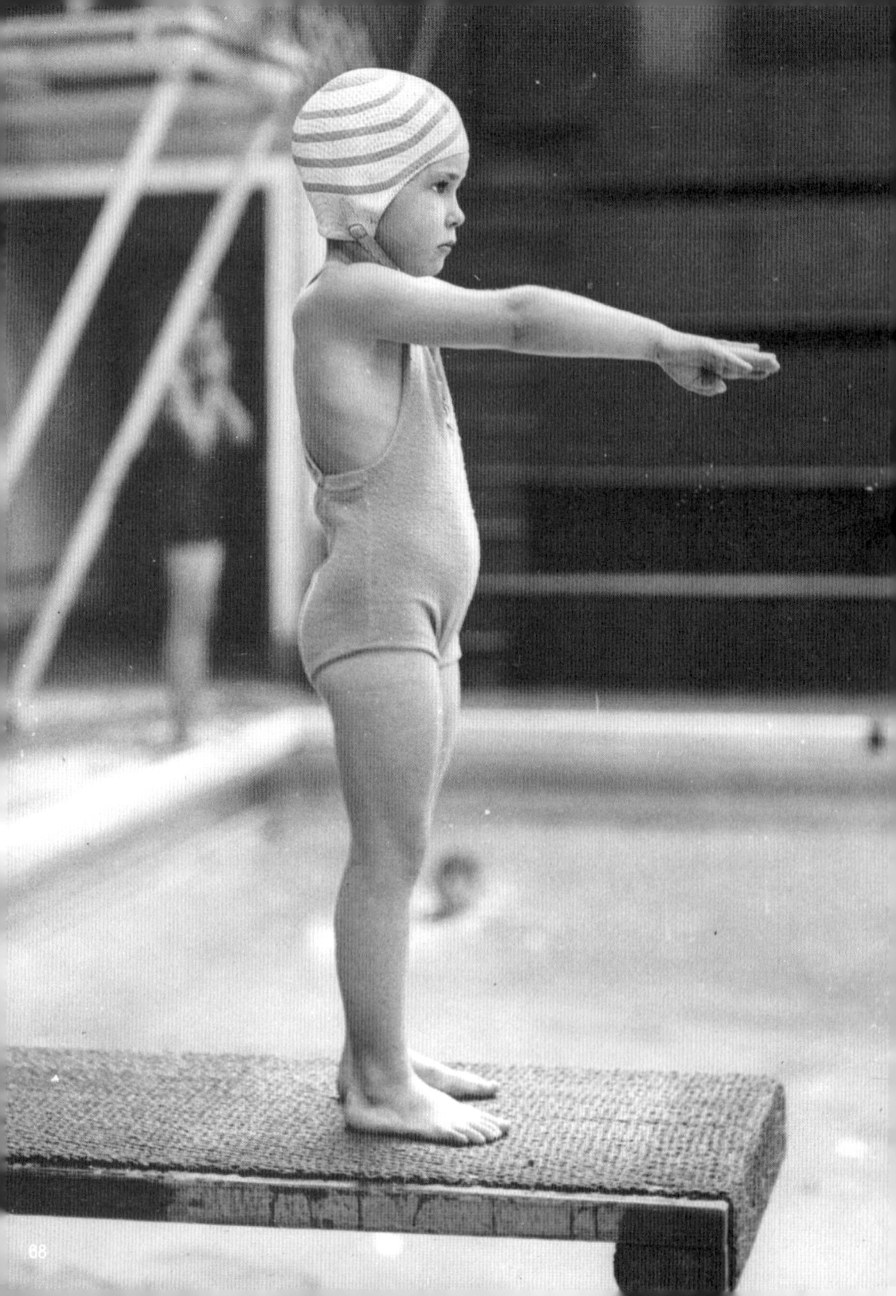

心の平穏の代償として人生が要求するのは、
勇気である。

アメリア・エアハート
(飛行士/アメリカ)

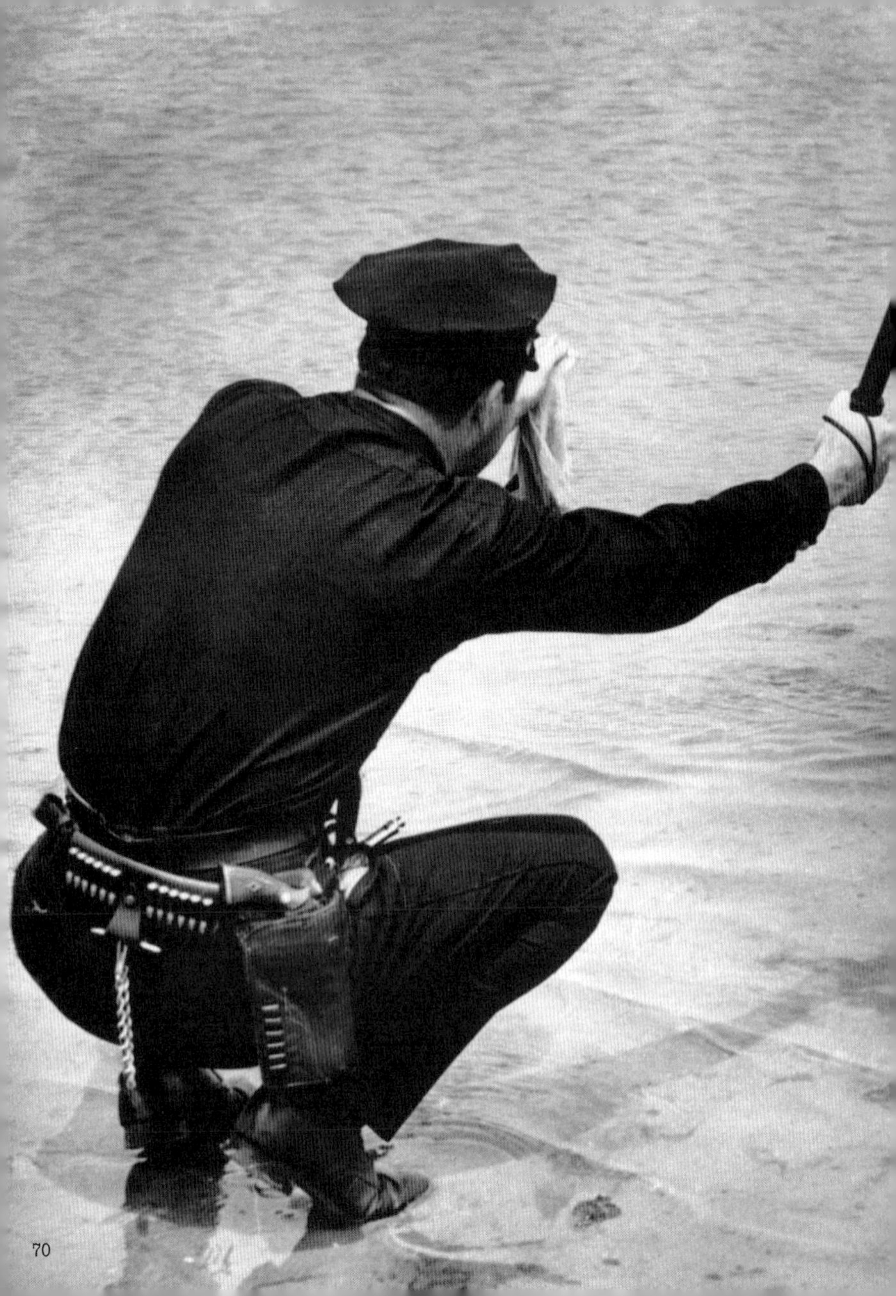

わたしが何をしたところで

世界は止まらないのだから、

たまに間違いをおかすくらい

どうってことないんだって

学んできた。

リサ・クドロー
（女優/アメリカ）

自分を好きに
ならなくちゃいけないわ。
わたしが自分を好きに
ならなかったら、
他の誰もわたしを
好きになってくれない。

エステラ・エルナンデス・ジレット

73

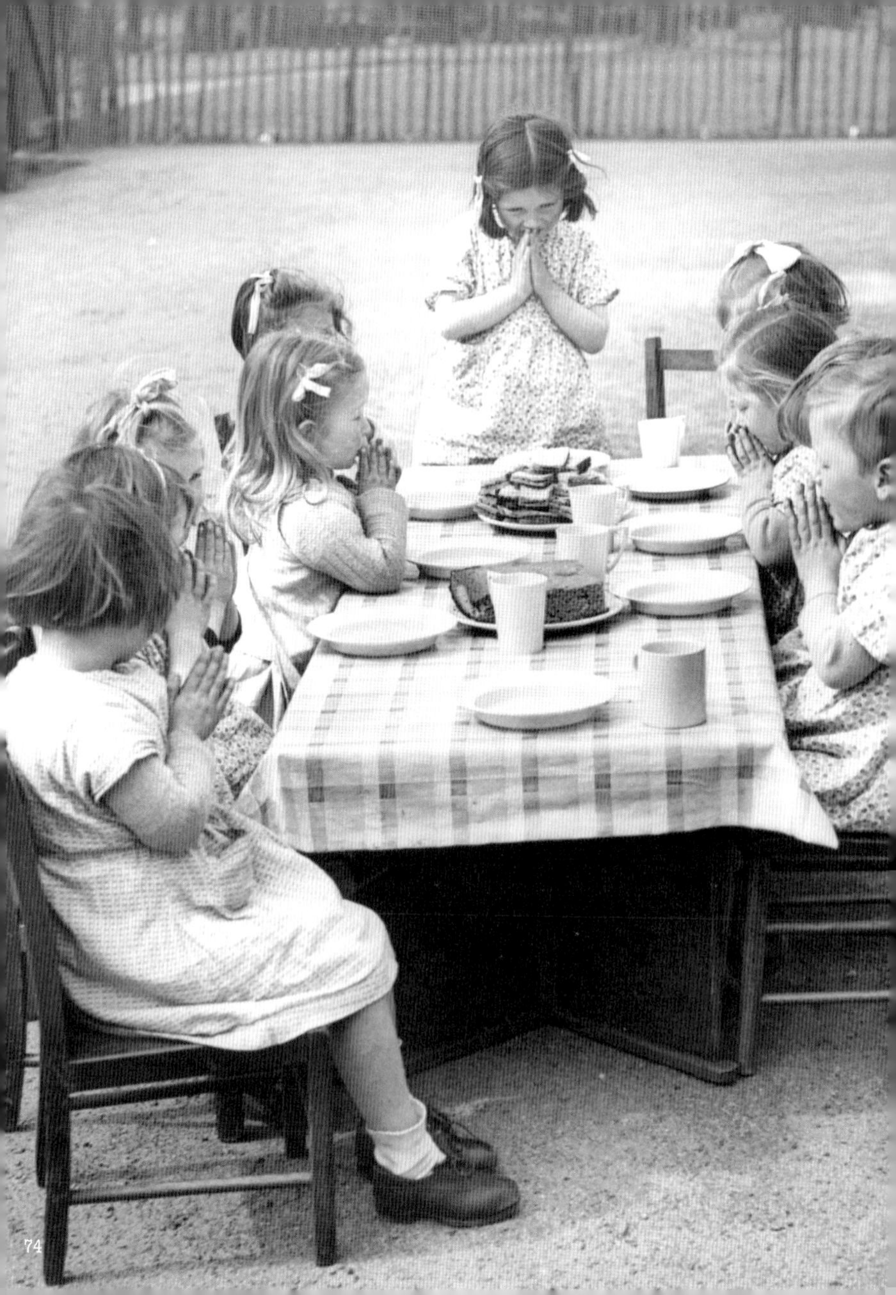

慎ましく食べ、

慎ましくしゃべる。

そして誰も傷つけない。

ホピ族の格言

幸せは
育てなくてはいけません。
生き物と同じようなものです。
放っておけば、
雑草が生えてきてしまうでしょう。

エリザベス・スチュアート・フェルプス
(作家 / アメリカ)

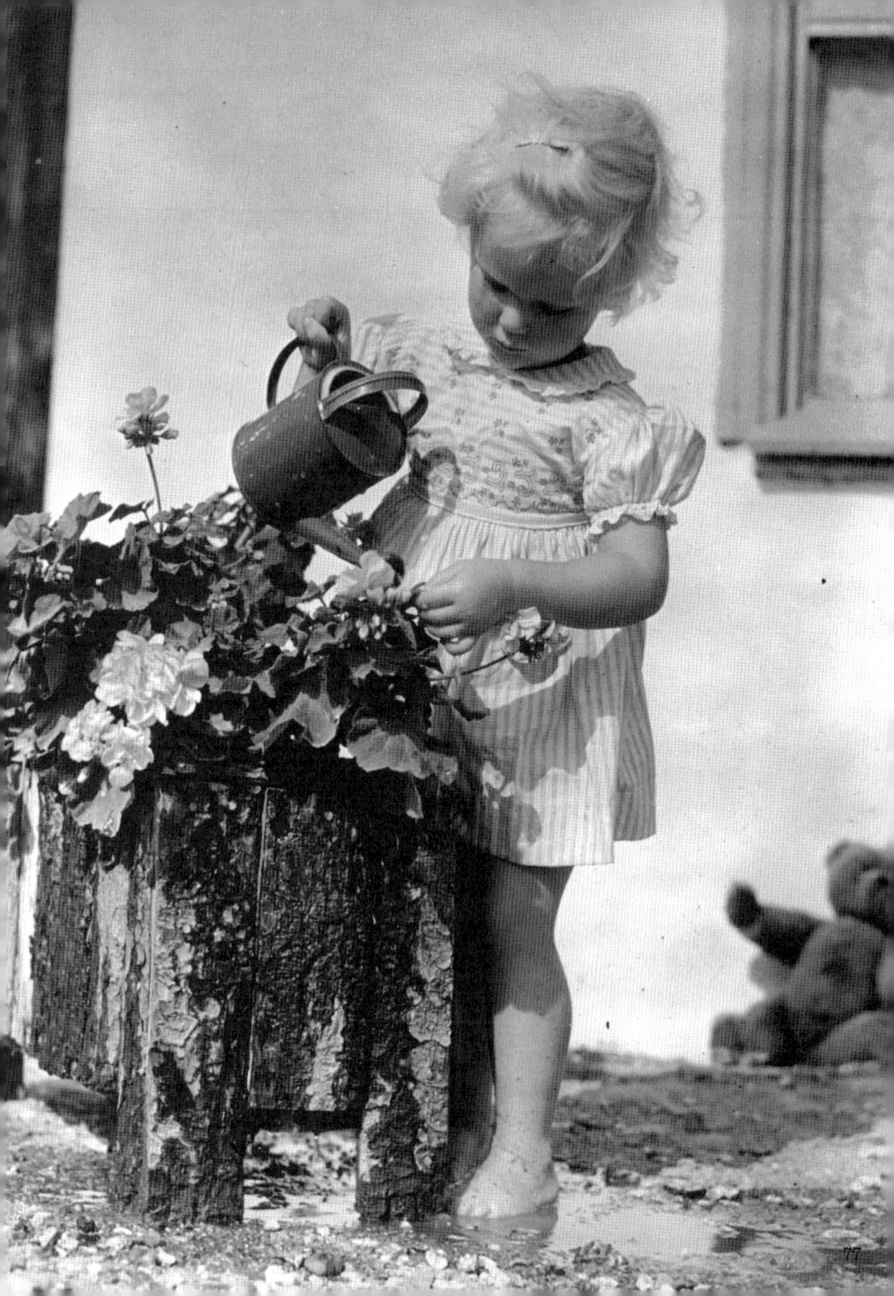

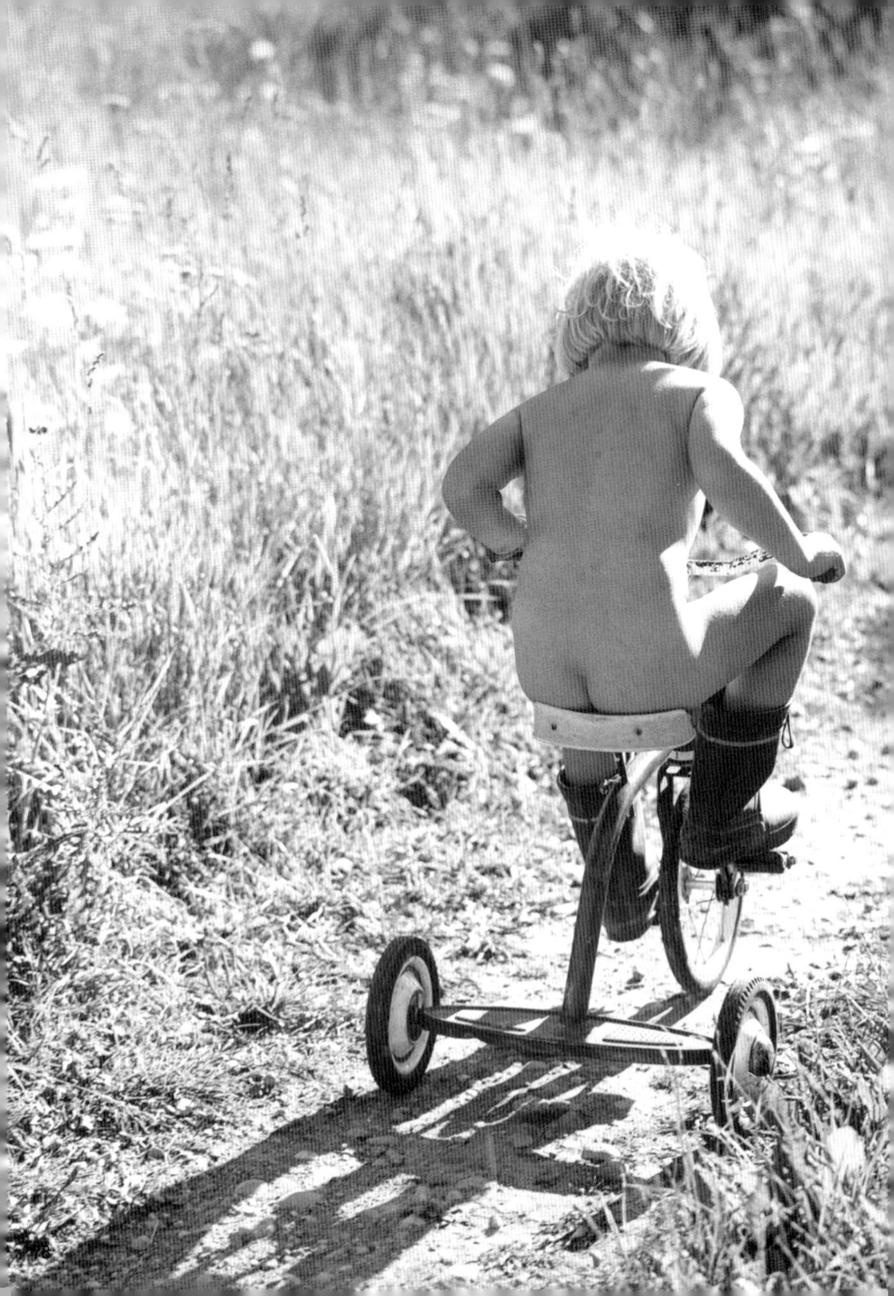

どんな道だって、そのまま遠くまで進んでいけば、いつかどこかにたどり着くはず。

パトリシア・ウェントワース
(作家/イギリス)

欠点は魅力のひとつになるのに、

みんな隠すことばかり考える。

欠点はうまく使いこなせばいい。

これさえうまくいけば、

なんだって可能になる。

ココ・シャネル
(ファッションデザイナー / フランス)

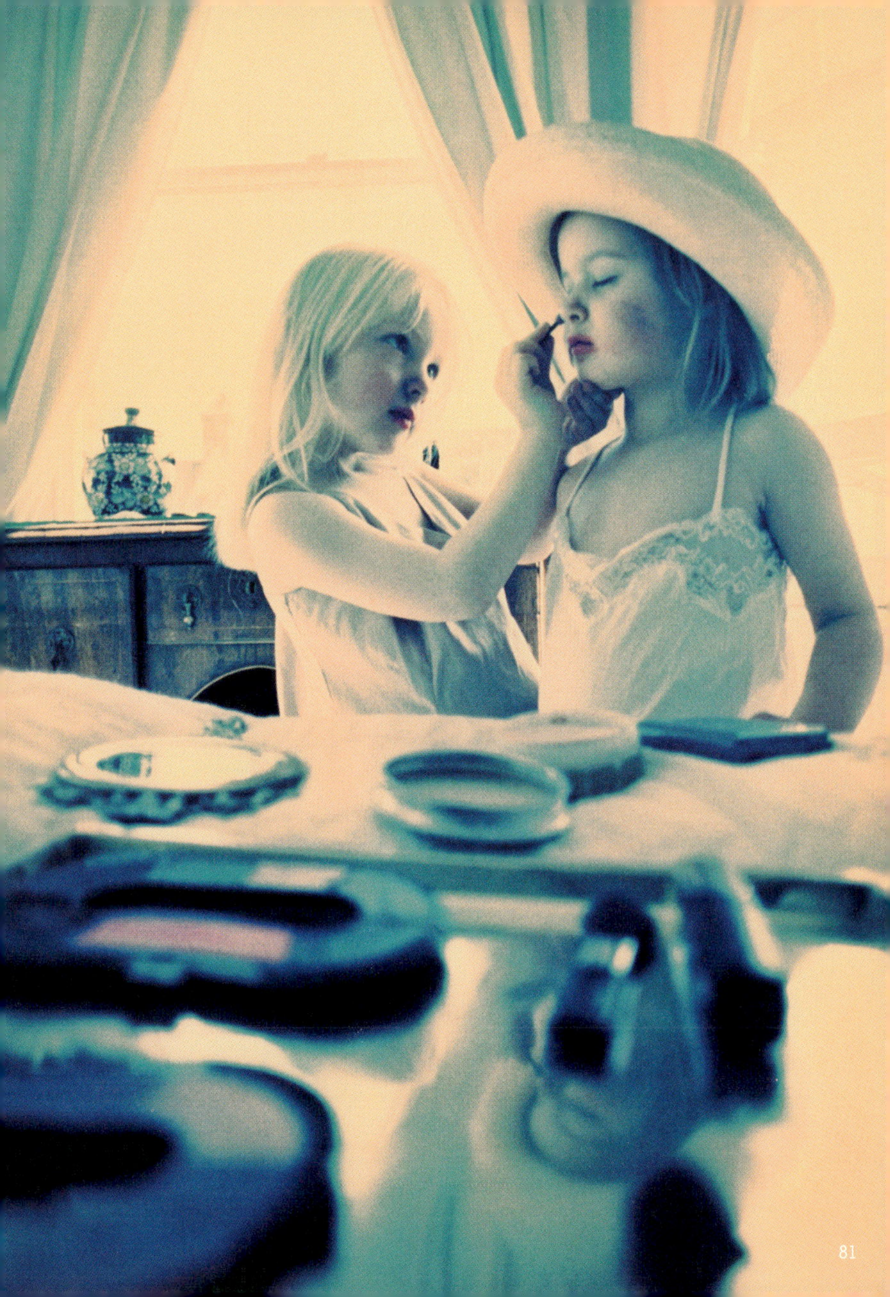

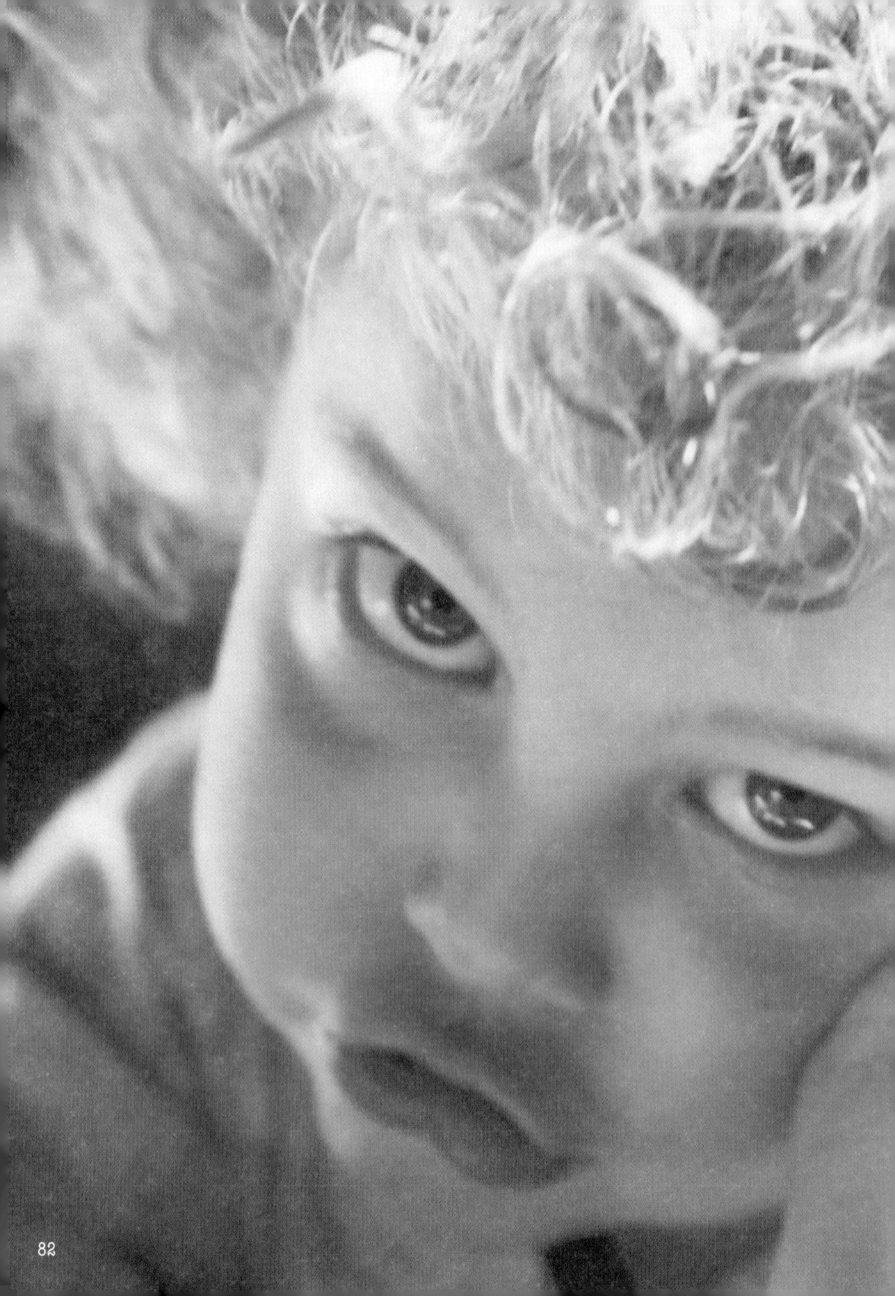

人生ずっと羊でいるより、たった一日ライオンになるほうがいい。

エリザベス・ケニー
(看護師/オーストラリア)

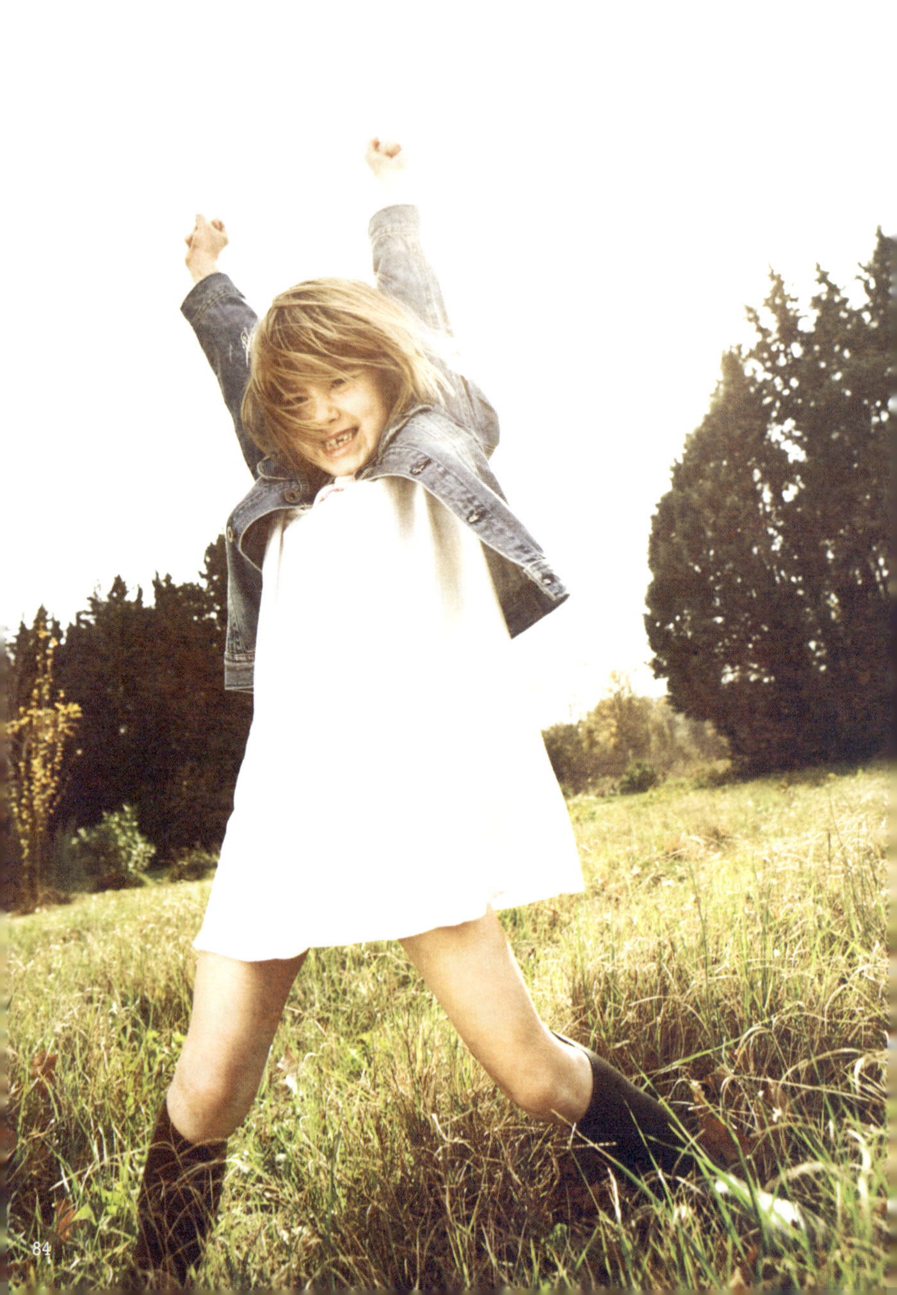

新しい日には、
新しい力と
新しい考えが
生まれる。

エレノア・ルーズベルト
(大統領夫人/アメリカ)

明日のことを思い悩むな。
明日のことは明日悩めばいい。
その日の苦労は、その日だけで十分だ。

新約聖書

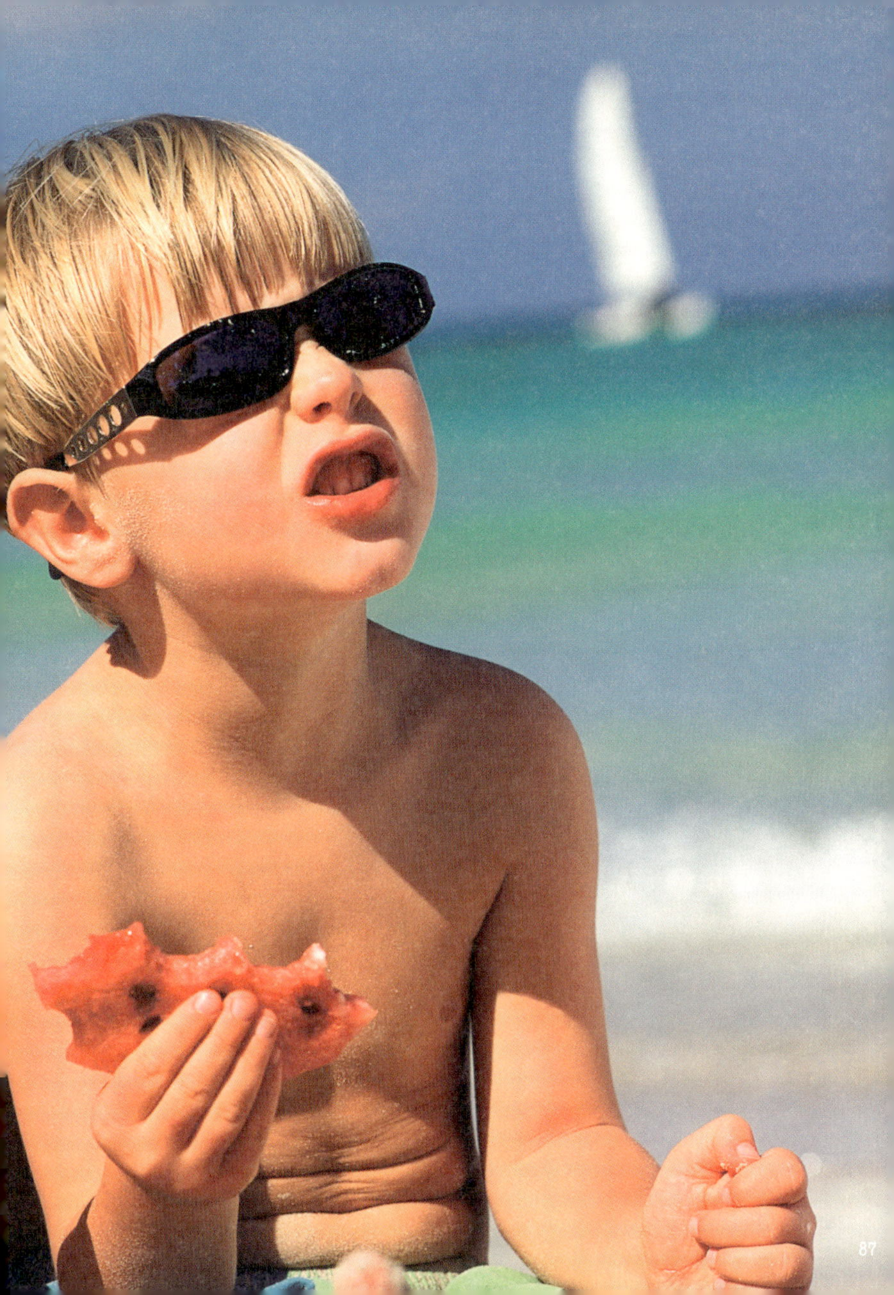

遅すぎることは
決してない。
始めるのに遅すぎることは
決してない。
幸福になるのに遅すぎることは
決してない。

ジェーン・フォンダ
(女優/アメリカ)

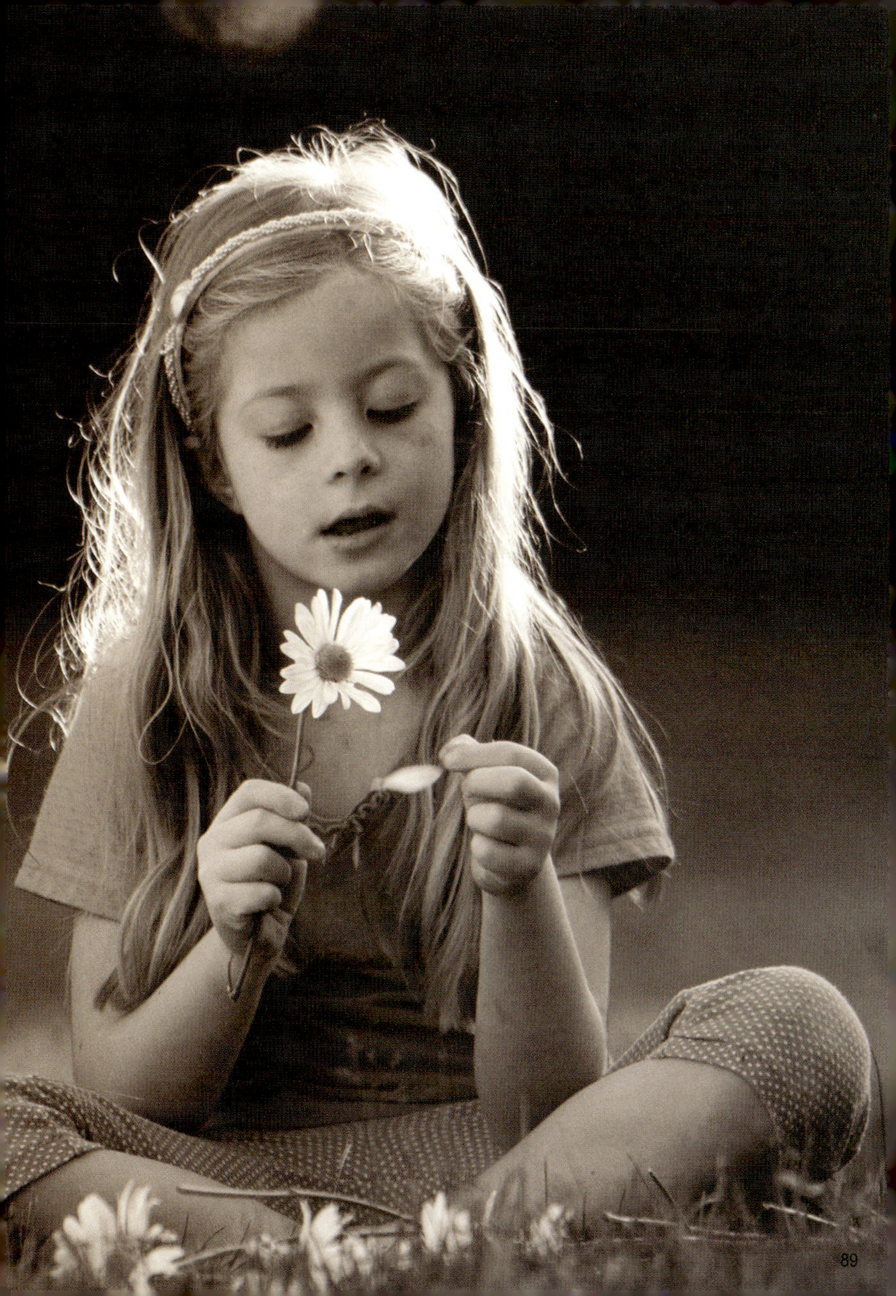

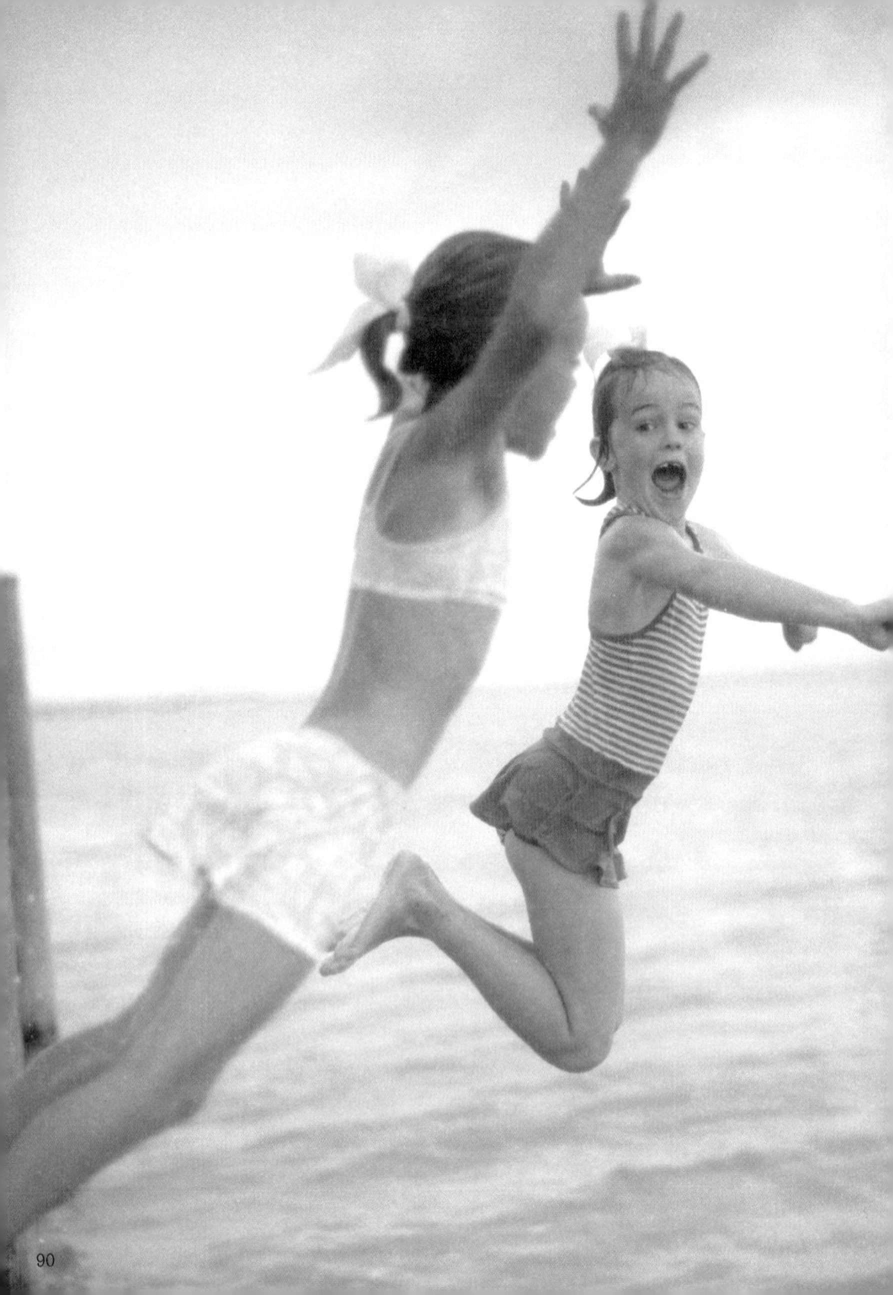

行動こそが、
不安への
良薬だ。

ジョーン・バエズ
(歌手、作詞家/アメリカ)

劣等感というのは
あなたが感じているだけ。
だれもあなたに
植えつけることはできないのよ。

エレノア・ルーズベルト
(大統領夫人/アメリカ)

93

わたしはいつも、
物を手に入れることより
翼が欲しいと望んでいる。

パット・シュローダー
(元政治家 / アメリカ)

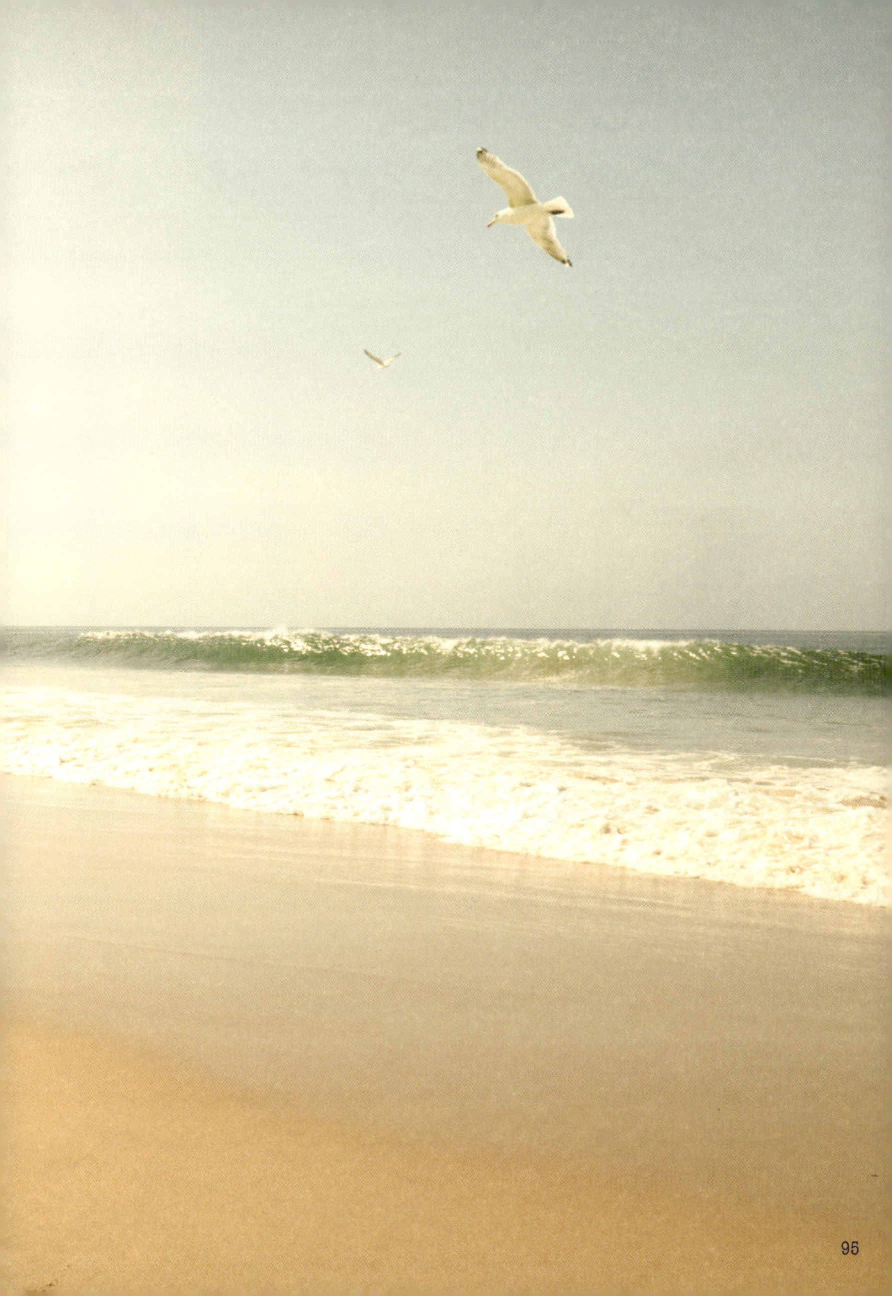

あなた自身の
井戸から水を汲み,
あなた自身の
泉から湧く水を飲め。

旧約聖書

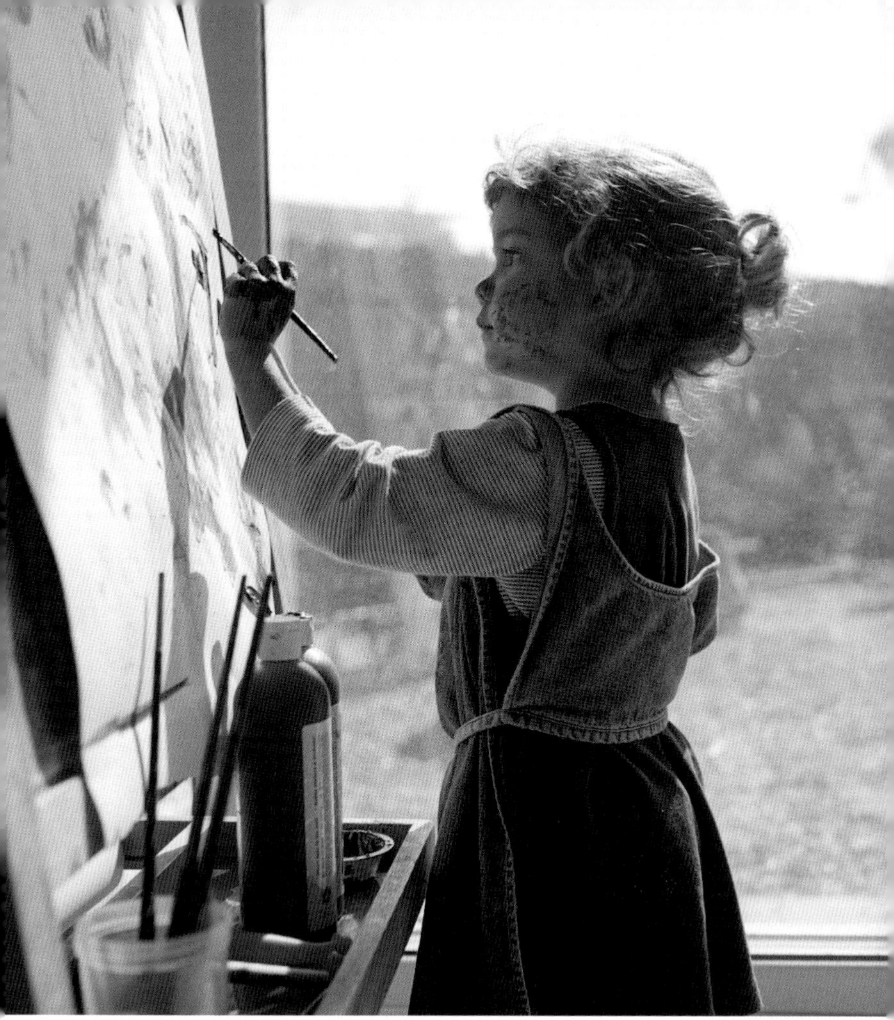

自分を危険にさらさないで。
あなた自身があなたのすべてなのだから。

ジャニス・ジョプリン
(歌手/アメリカ)

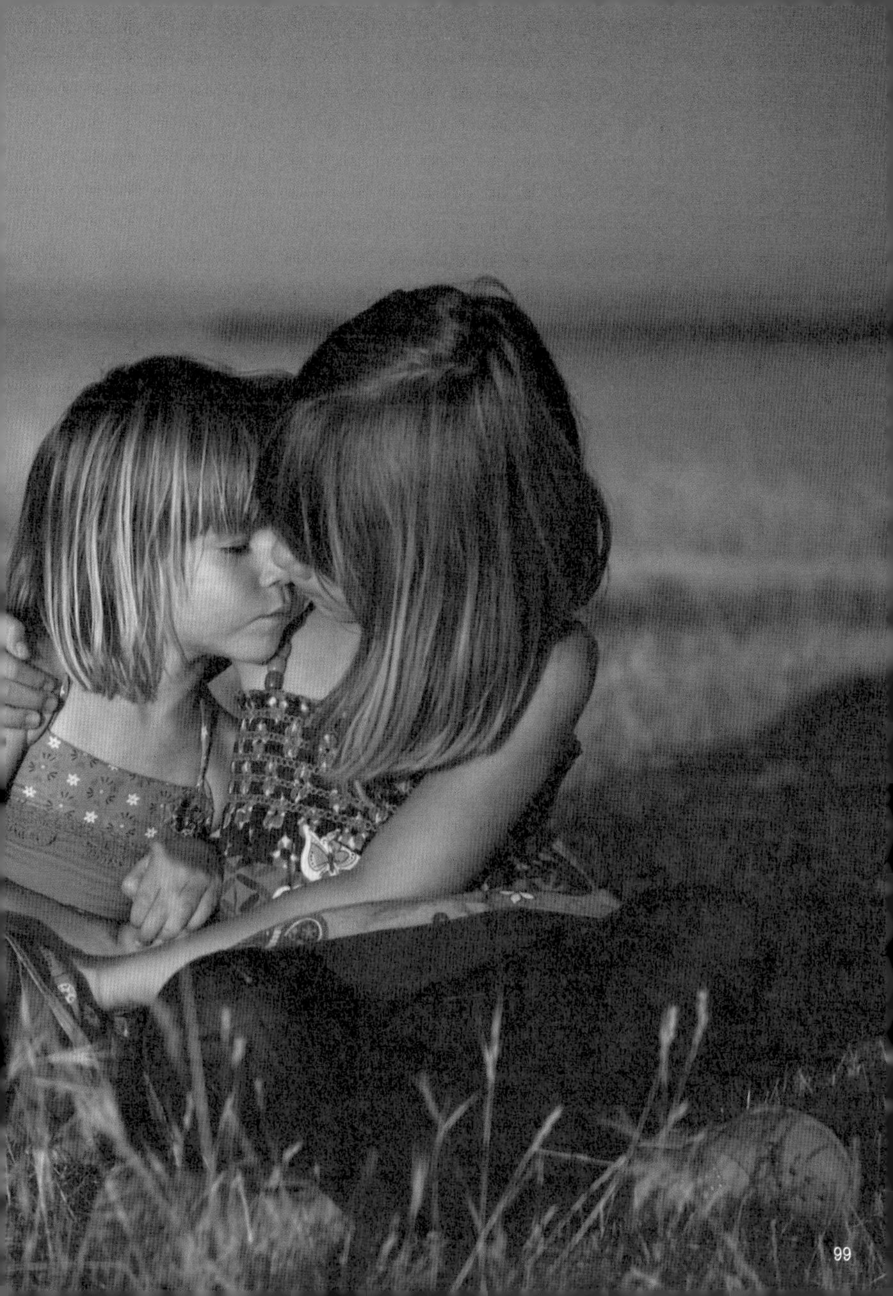

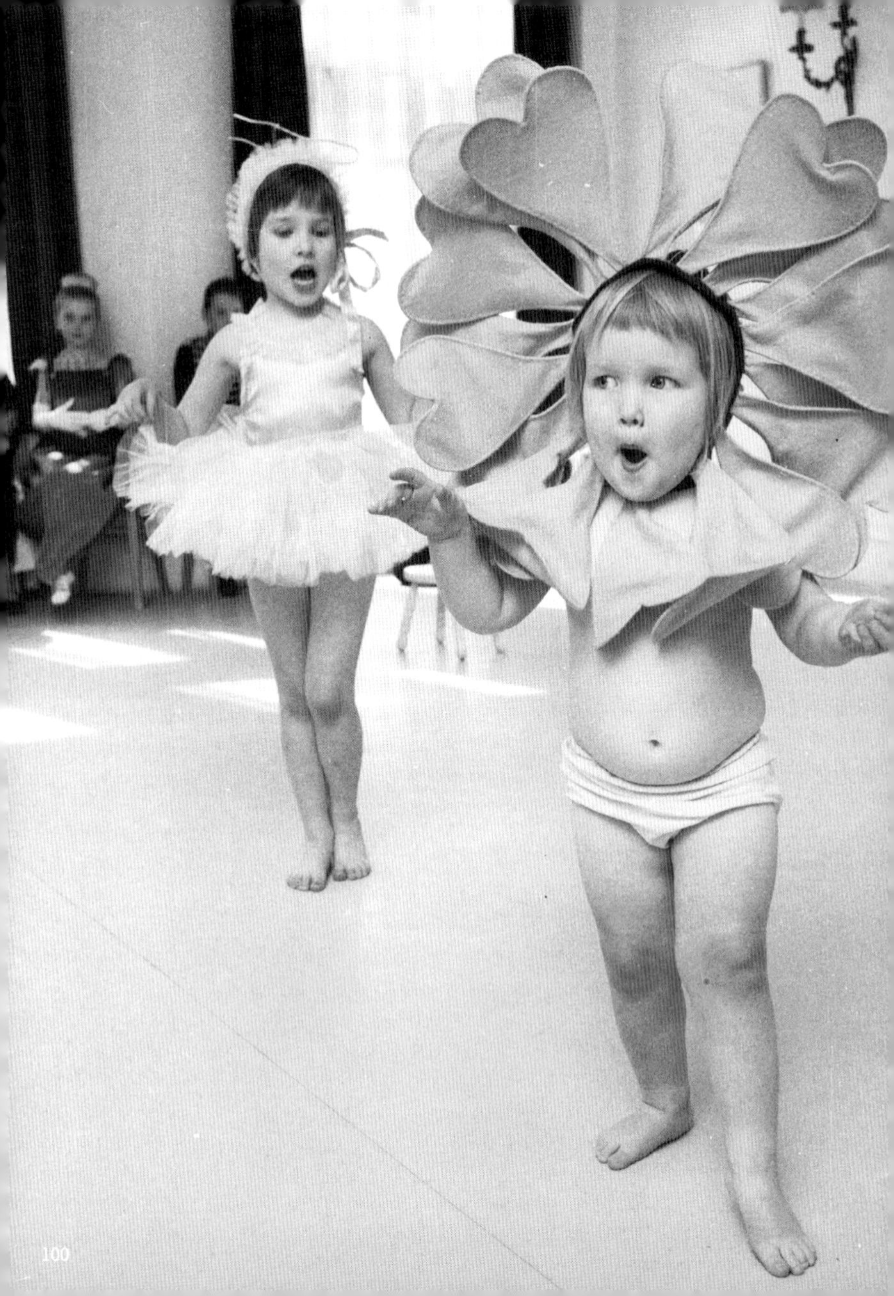

どれほど苦しいかではなく、
どれほどの喜びを感じられるかが
肝心です。

エリカ・ジョング
（作家/アメリカ）

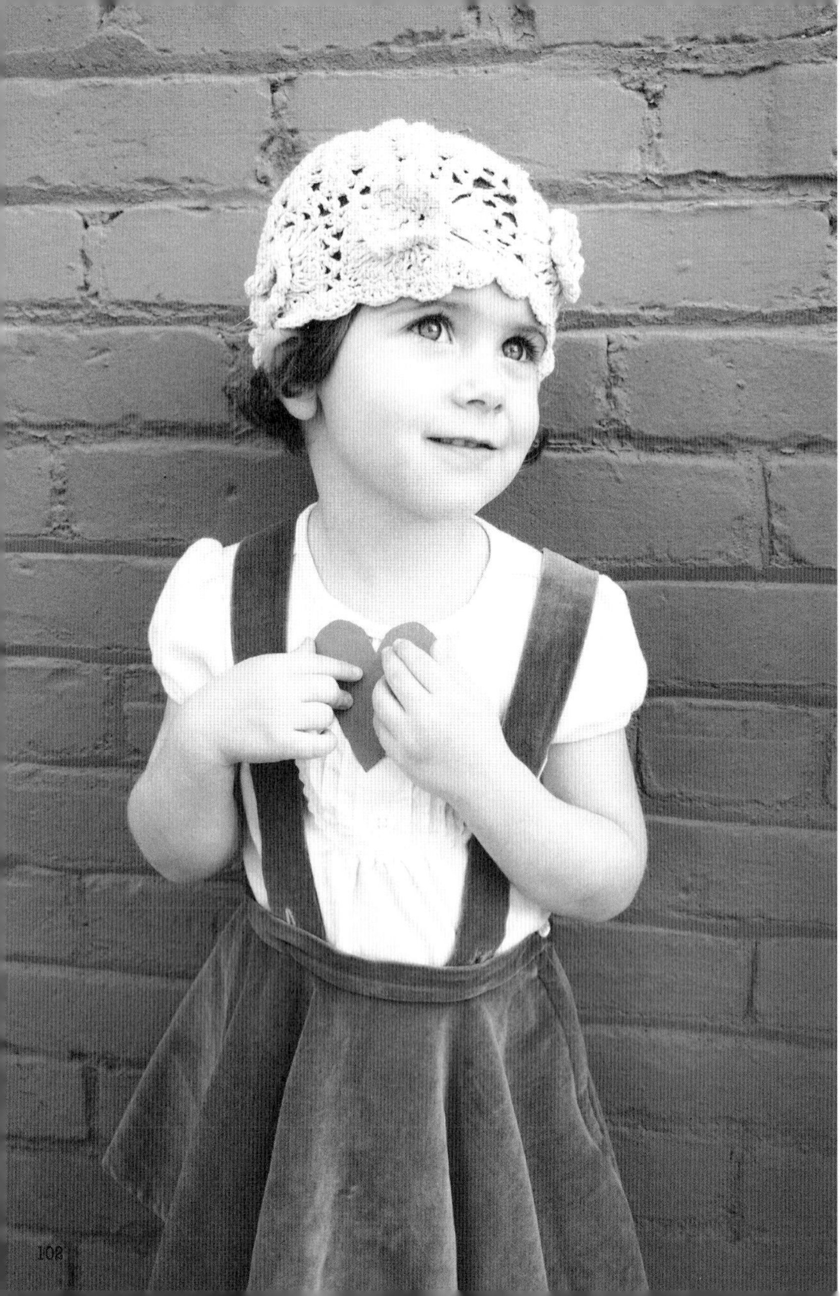

優しさという宝物を心の中で護りましょう。

それをためらうことなく相手に与える方法を知っておきましょう。

後悔せずに失う方法を知っておきましょう。

卑劣さなしに得る方法を知っておきましょう。

あなたがほしがっている幸せを、

あなたの愛しい人たちのために捧げられる

心の切り替え方を知っておきましょう。

ジョルジュ・サンド
(作家/フランス)

キスとは自然に生まれたもの。

言葉が要らないとき、

話すのを止められる素敵なトリック。

イングリッド・バーグマン
(女優/スウェーデン)

105

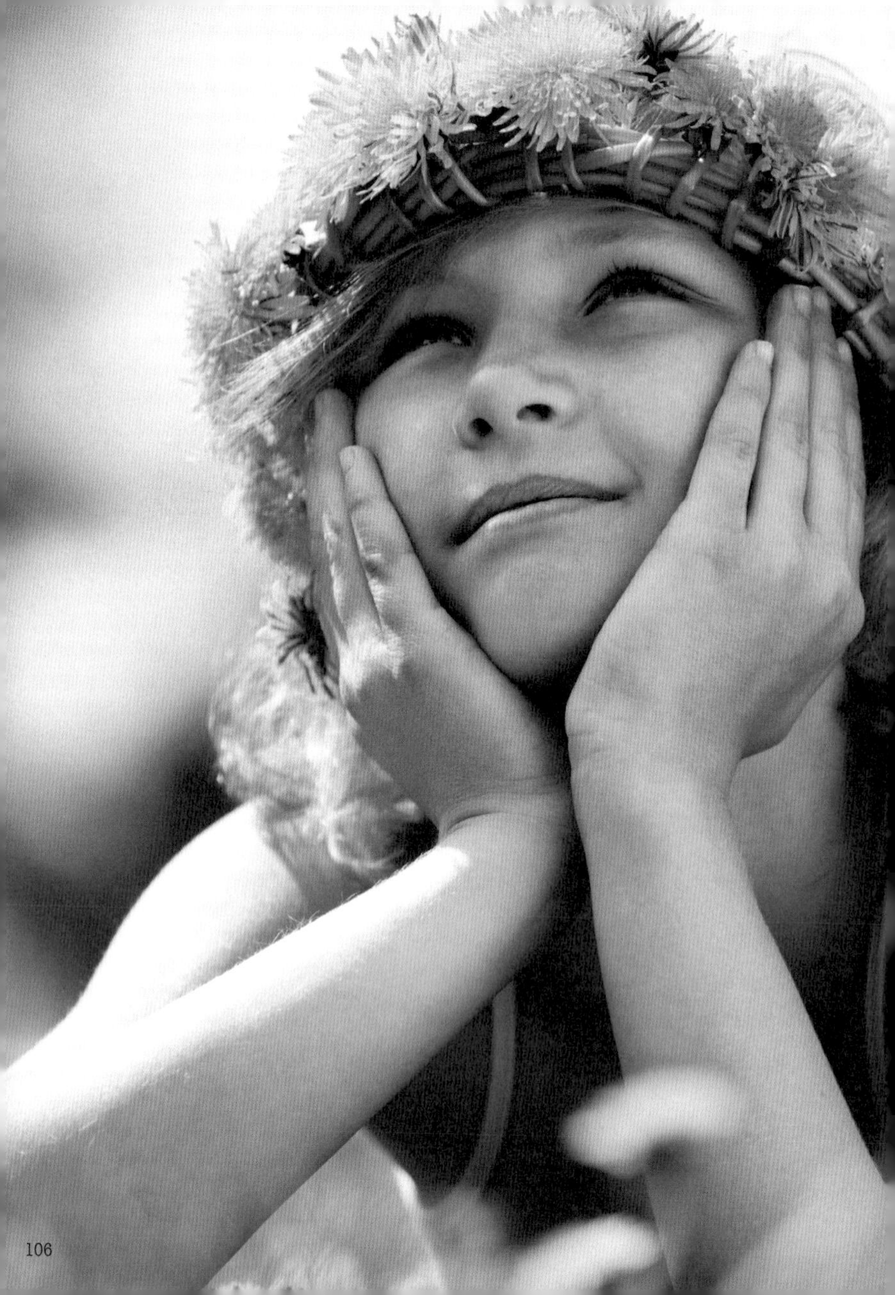

成功したいのなら、
まずは自分が
成功することを
思い描くことよ。

ローザ・ディアス
(事業経営者/スペイン)

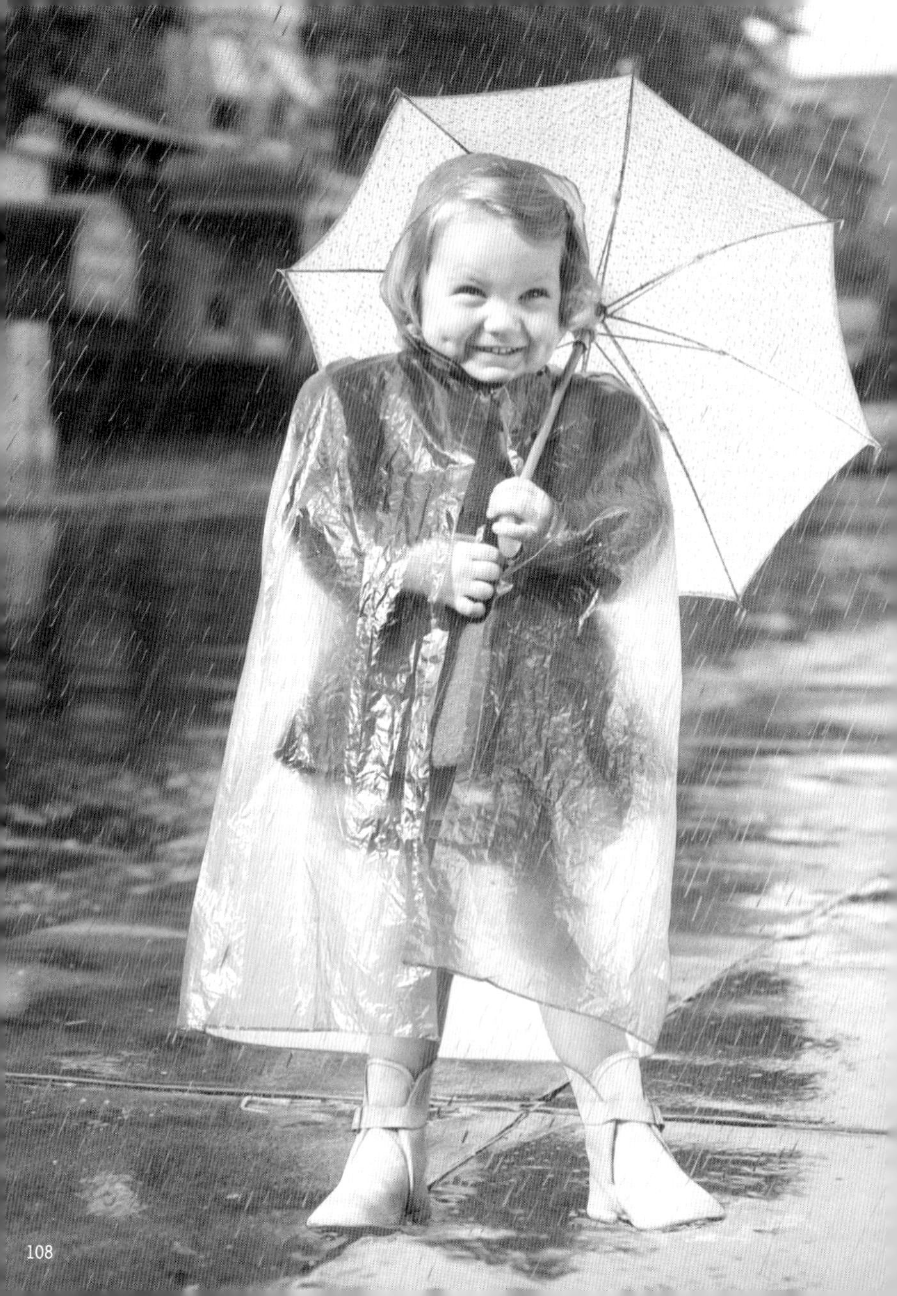

わたしが弱いときにこそ、
わたしは強い。

新約聖書

決して頭を下げてはなりません。
いつも高く上げておくこと。
自分の目で、
世界をじかに見るのです。

ヘレン・ケラー
(教育家、社会福祉事業家 / アメリカ)

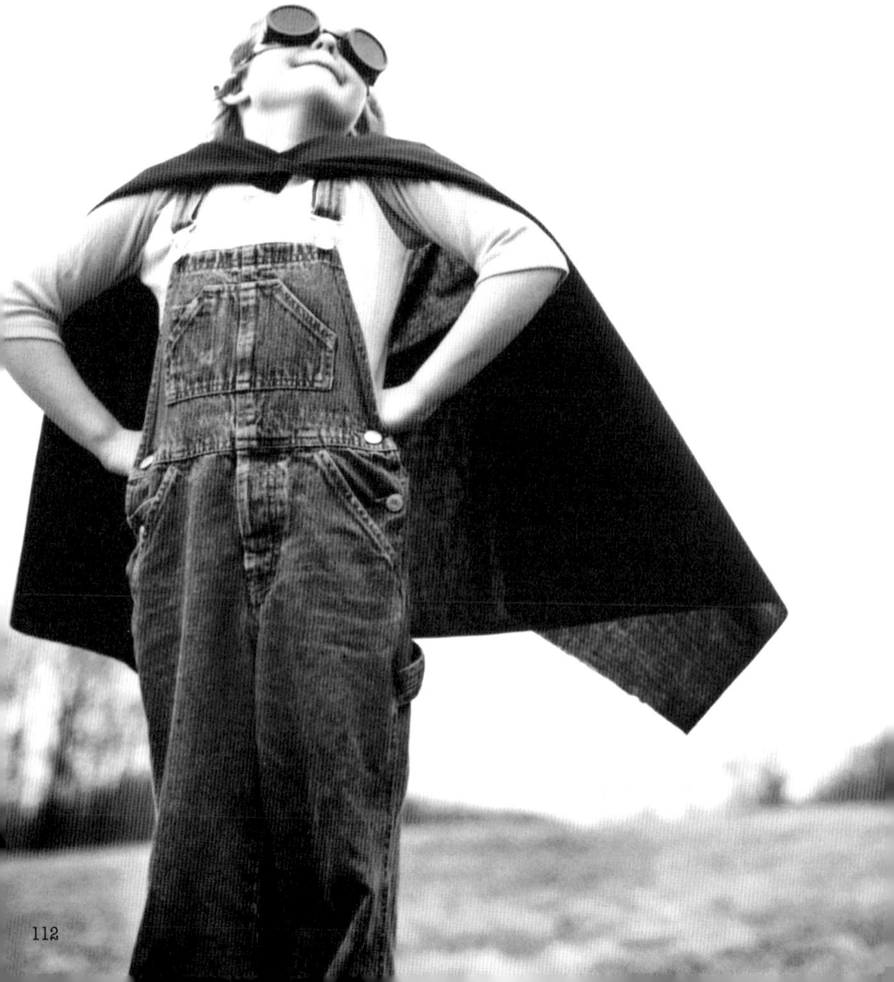

すべてわたしたち
次第だ。
かつて多くの人が、
飛行機は飛べない
と言っていたことを
思い出せ。

グレース・マレー・ホッパー
(海軍准将、プログラマー/アメリカ)

ちゃんと自分を好きになって、
大事にしてあげなくちゃ。
きっとそこから
　ベストなものが生まれるから。

ティナ・ターナー
(歌手/アメリカ)

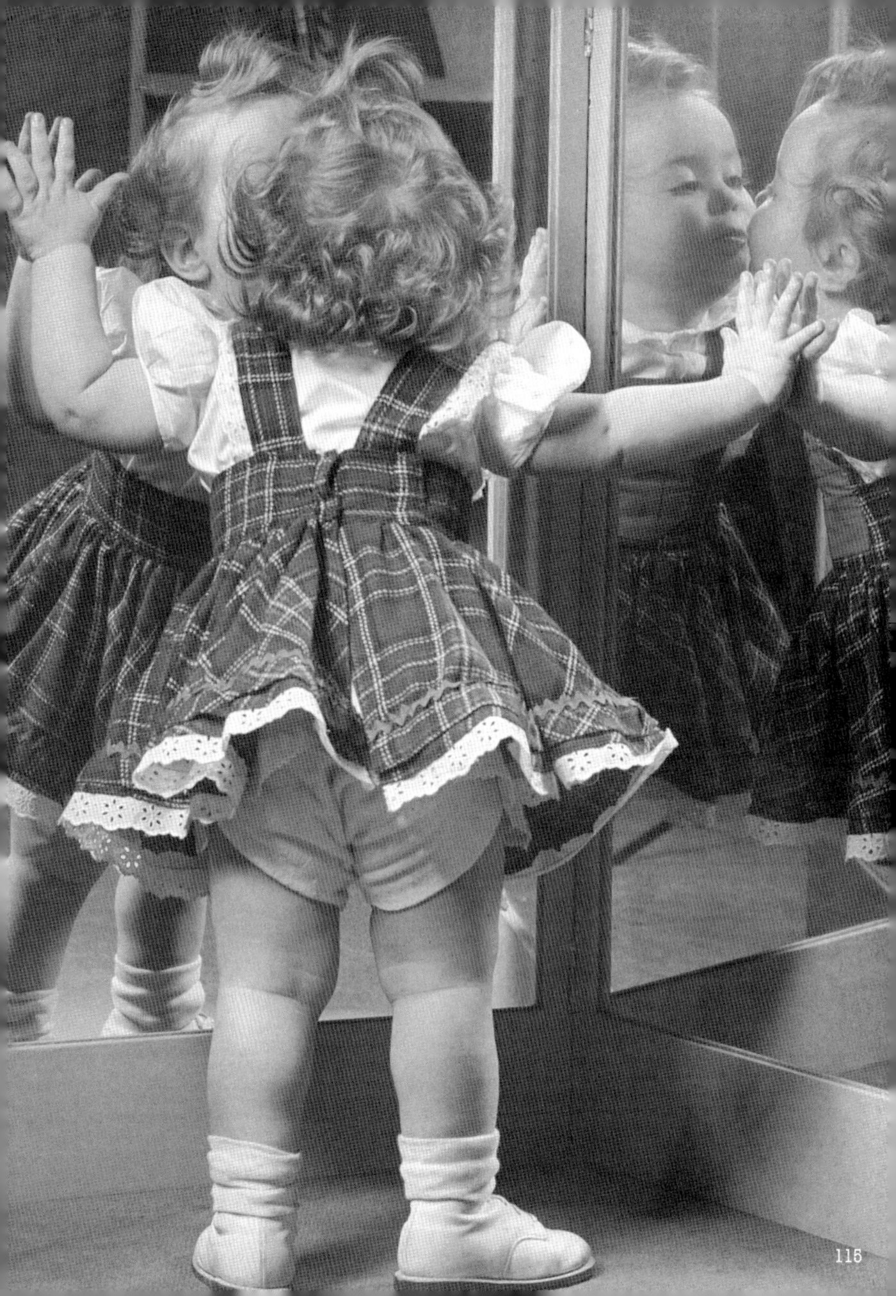

楽しむには何をすべきだろう?

船出しよう。

仕事するには何をすべきだろう?

船出しよう。

ドーン・ライリー
(船乗り/アメリカ)

117

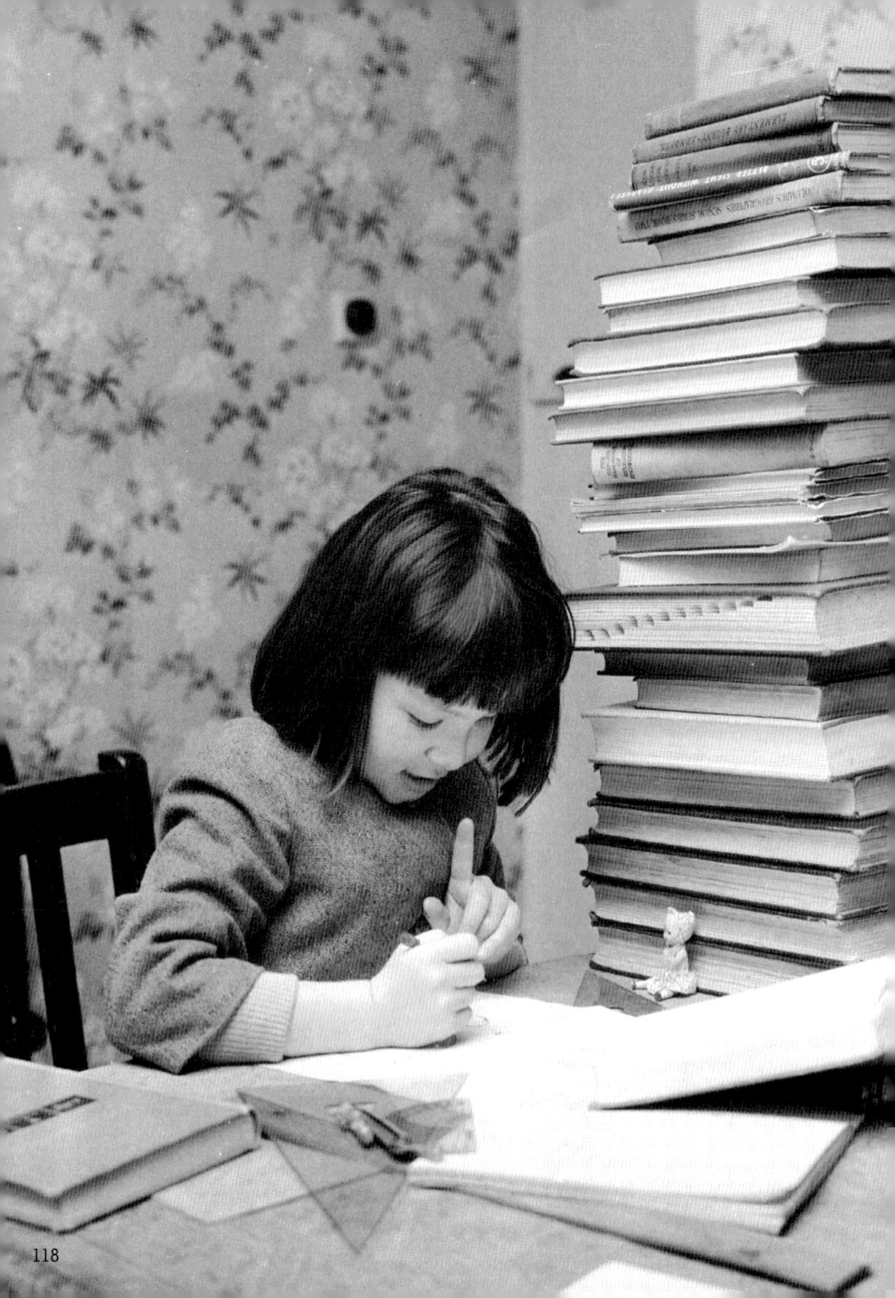

遅くても、
しないよりはまし。

ラテンの諺

想像力と愛情たっぷりの料理を、

仲の良い友だちと一緒に食べる。

それだけで心が温まる。

マージョリー・キナン・ローリングス
（作家/アメリカ）

FRIED WATER
MUD PIES
BOILED BUTTONS
GRAVEL EN CASSEROLE
LEAVES EN BROCHETTE

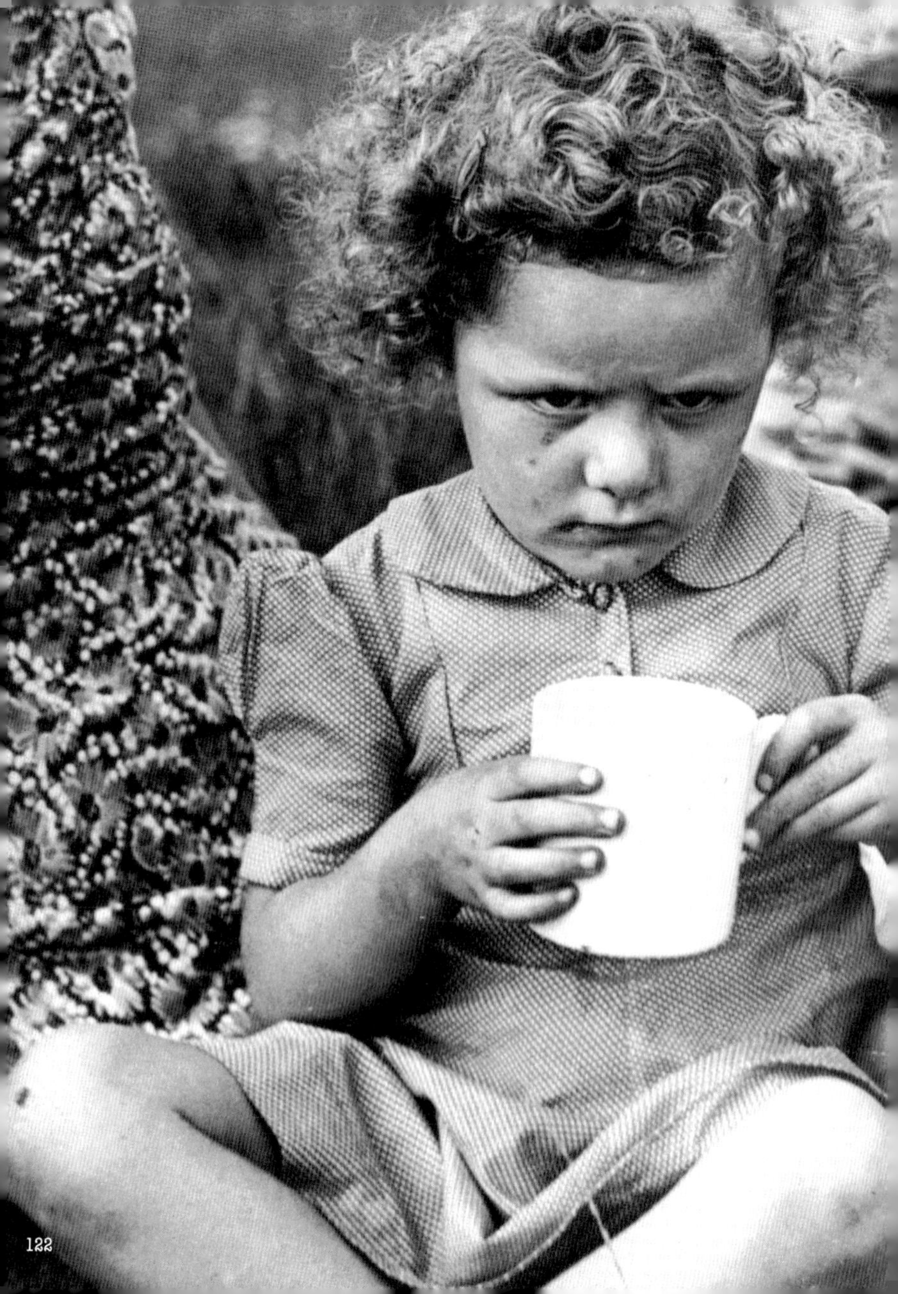

悪いものと良いものには、
バランスがある。
だからもしも
悪い日がやってきたら、
良い日もすぐそこまで
やってきていると考えればいい。

マーガレット・サリバン

124

もし世界を
変えたければ、
自分自身を
変えることから
始めよう。

フィリピンの格言

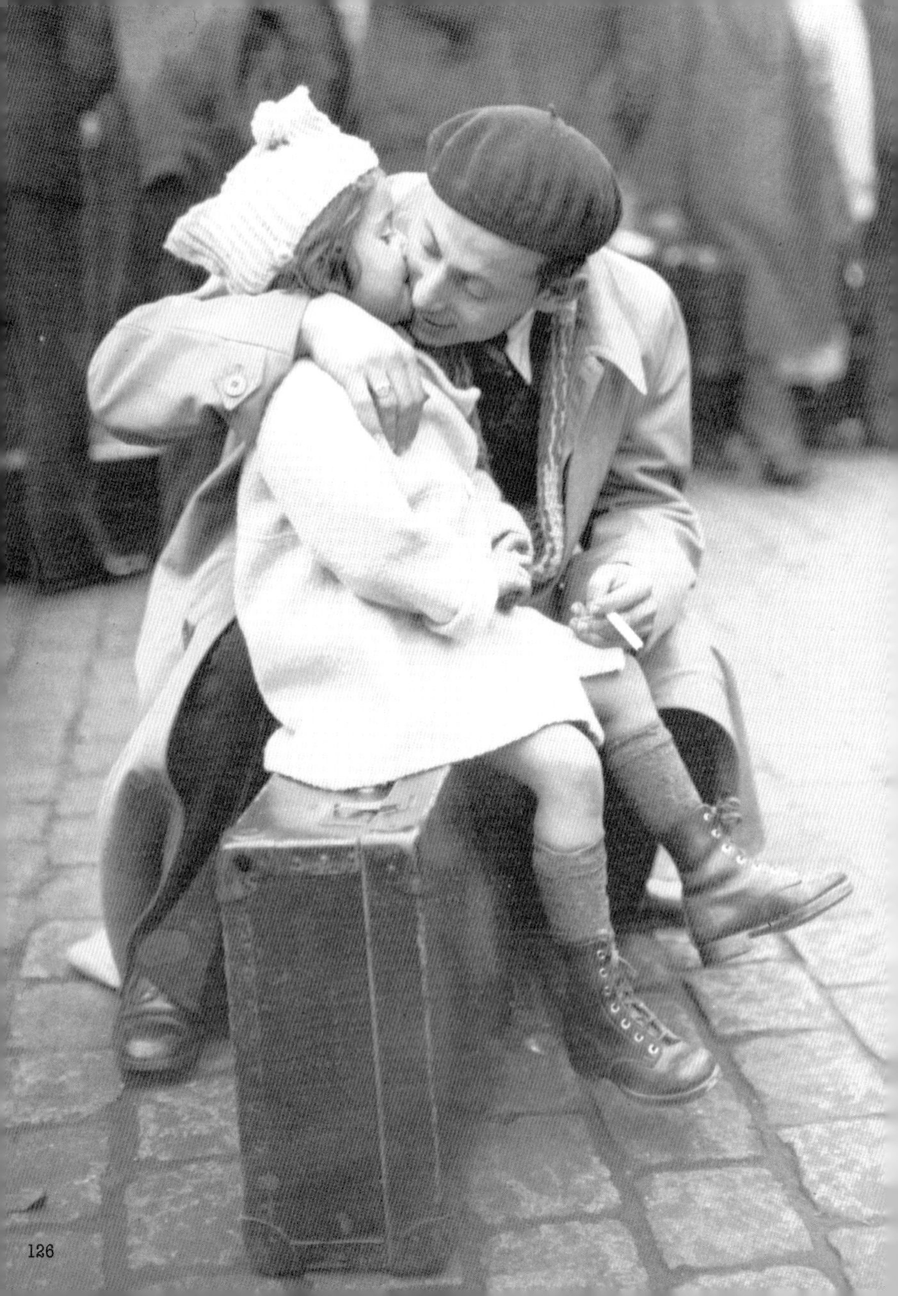

真の愛はいつも傷つきます。
人を愛することや人と別れることは
痛みを伴うものです。

マザー・テレサ
(修道女/マケドニア)

ぎすぎすして
退屈で
渇いていて、
とくに自分の無邪気さが
足りてないって感じたときは
人生に少しだけ
冒険を取りいれよう。

サーク
(芸術家、作家/アメリカ)

129

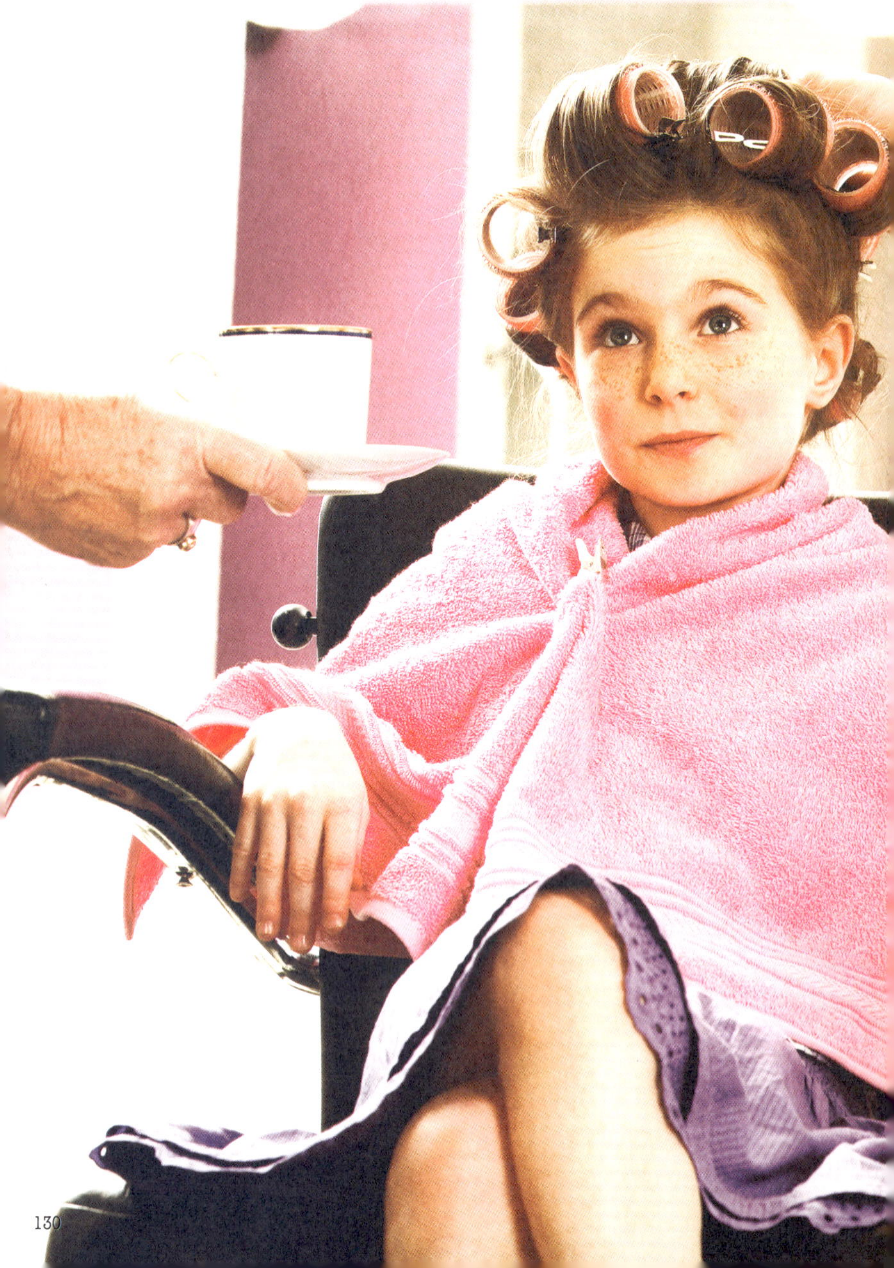

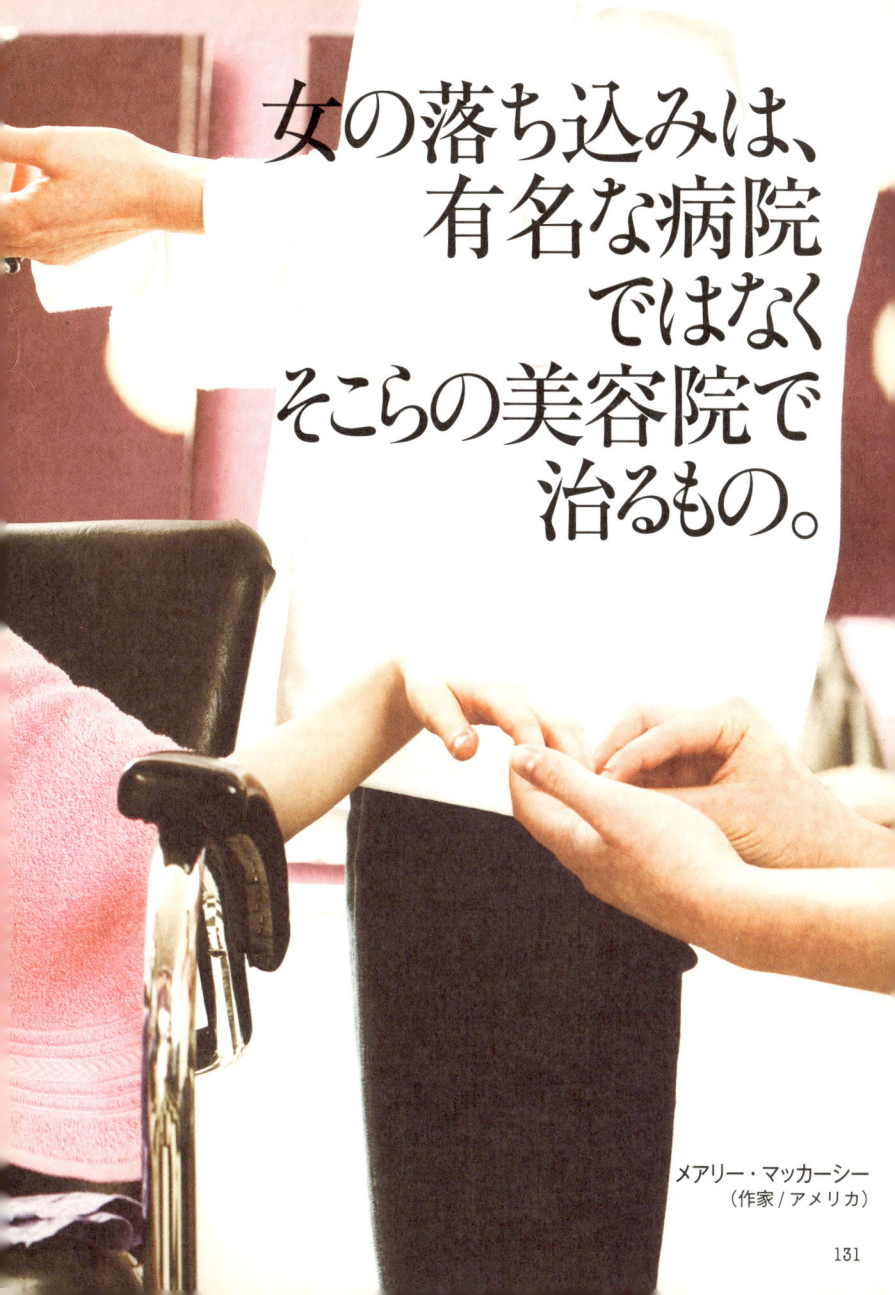

女の落ち込みは、有名な病院ではなくそこらの美容院で治るもの。

メアリー・マッカーシー
（作家/アメリカ）

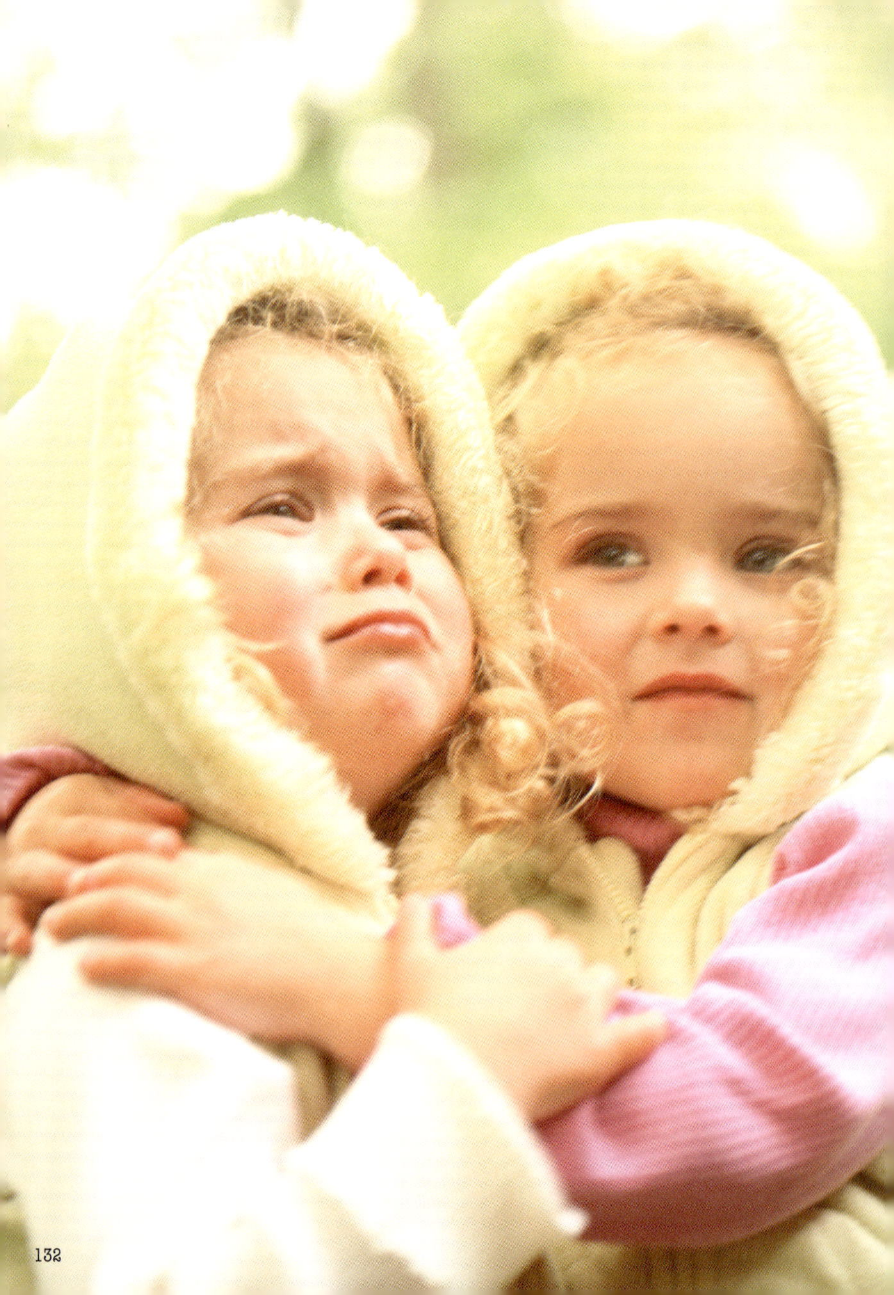

本当に正しいことのために戦ったのなら、
負けても恥じることはない。

キャサリン・アン・ポーター
(作家/アメリカ)

自分は

何が好きで

何が嫌いなのか。

何が出来て

何が出来ないのか。

ほかの誰かに自分を

決めつけさせるな。

マーシャ・キンダー
(大学教授、ソフトウェア開発者、作家/アメリカ)

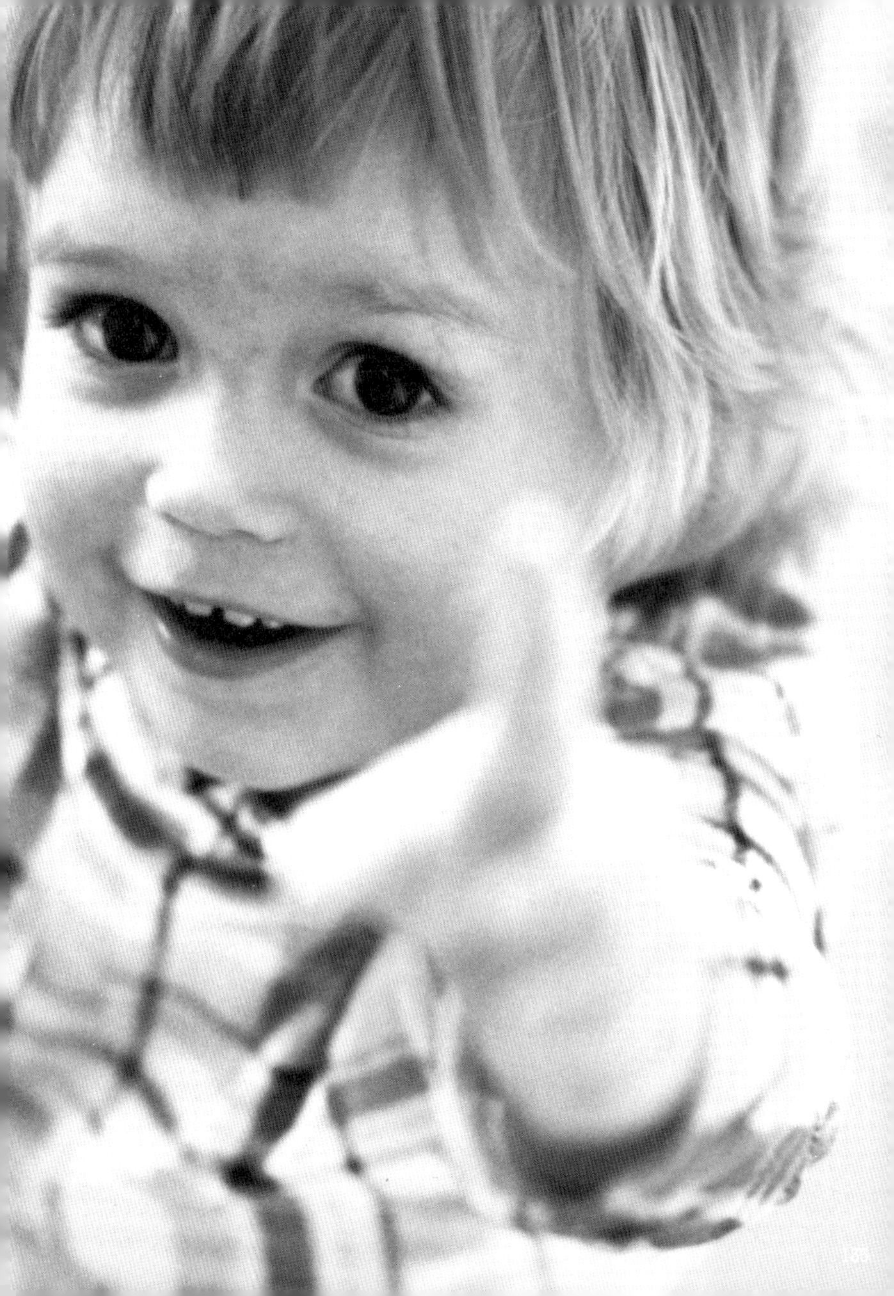

"着こなしのうまさ"って、
高級な服を着ているかどうかではないし、
正しい服を着ているかどうかでもない。
たとえあなたがぼろぼろの服を着ていても、
わたしは気にしない。
問題はそれがあなたに
似合っているかどうかよ。

ルイーズ・ネヴェルソン
(彫刻家 / アメリカ)

137

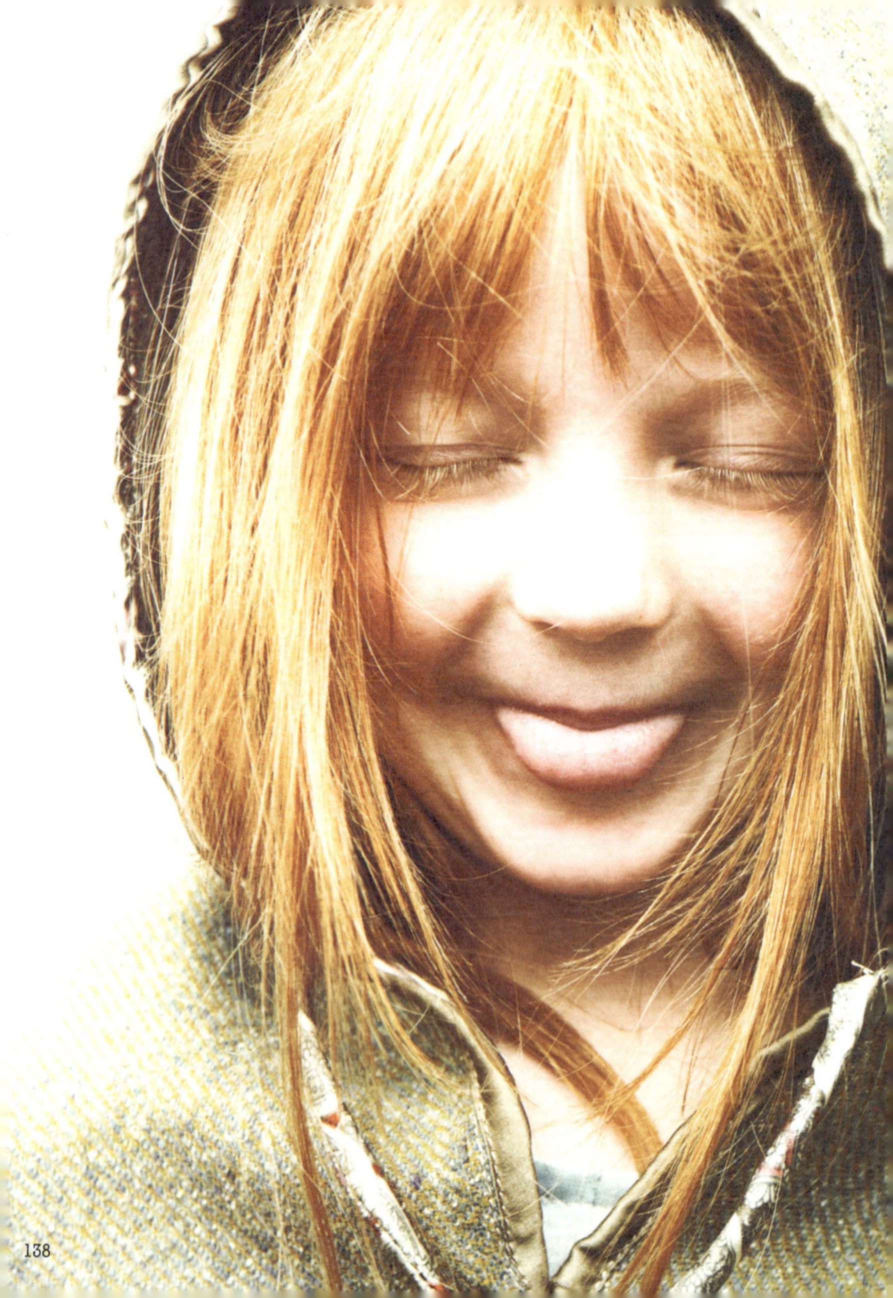

笑っているときの自分が好き。
もちろん、意地悪な顔も、
感情的な顔も好き。

ゾラ・ニール・ハーストン
(作家／アメリカ)

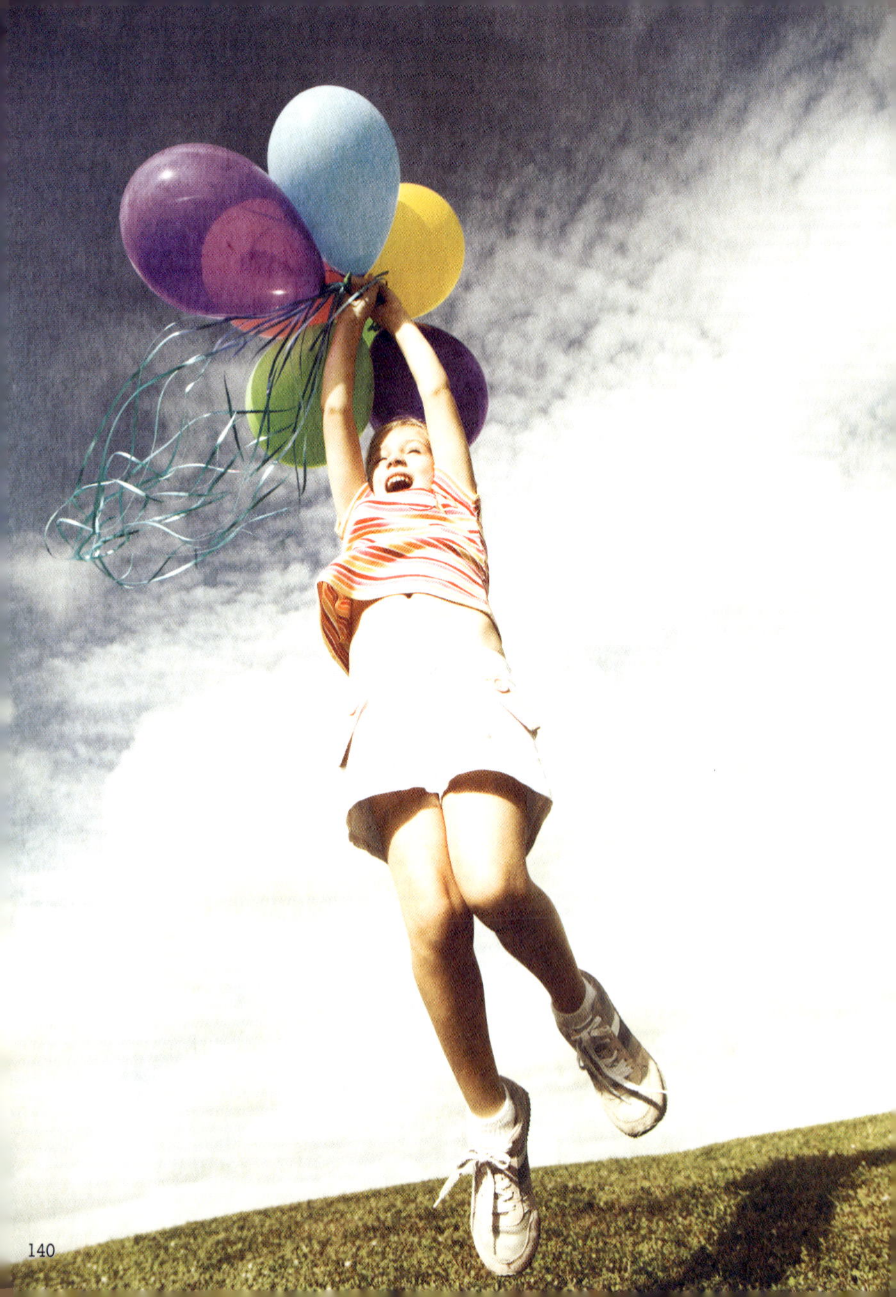

楽しむというのは、

簡単に言えば、

今ある喜びにつかまること。

青空を見ながら、

気分が良いからと

息を深く吸いこむこと。

ジュディス・ハーラン
(作家/アメリカ)

何かを失うほど、何かを前向きに探さなくてはならない。

キャリスタ・フロックハート
(女優/アメリカ)

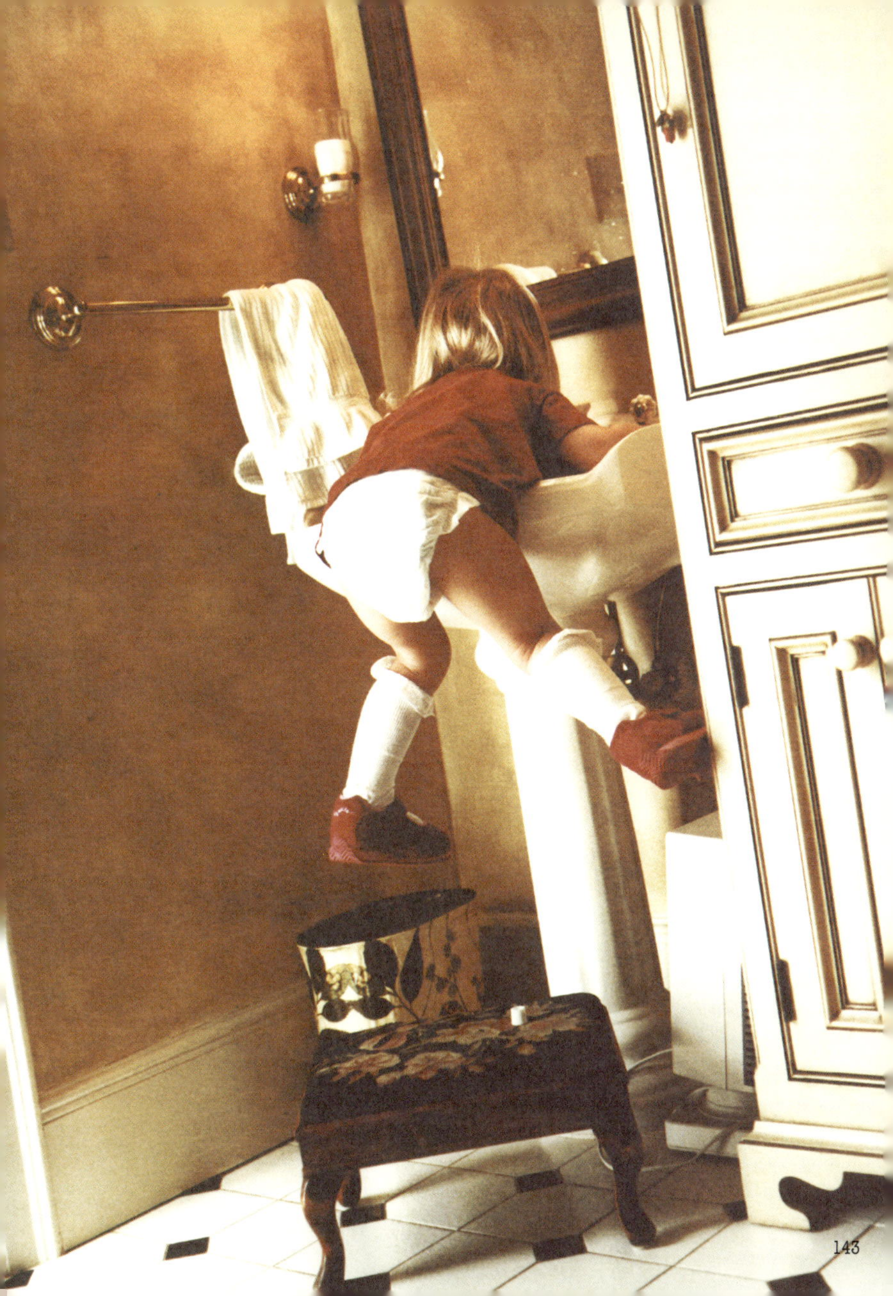

わたしはためらわずにすべてを明かす。
自分が誰で、何を知っているのか。

アーニー・ディフランコ
(歌手、作詞家/アメリカ)

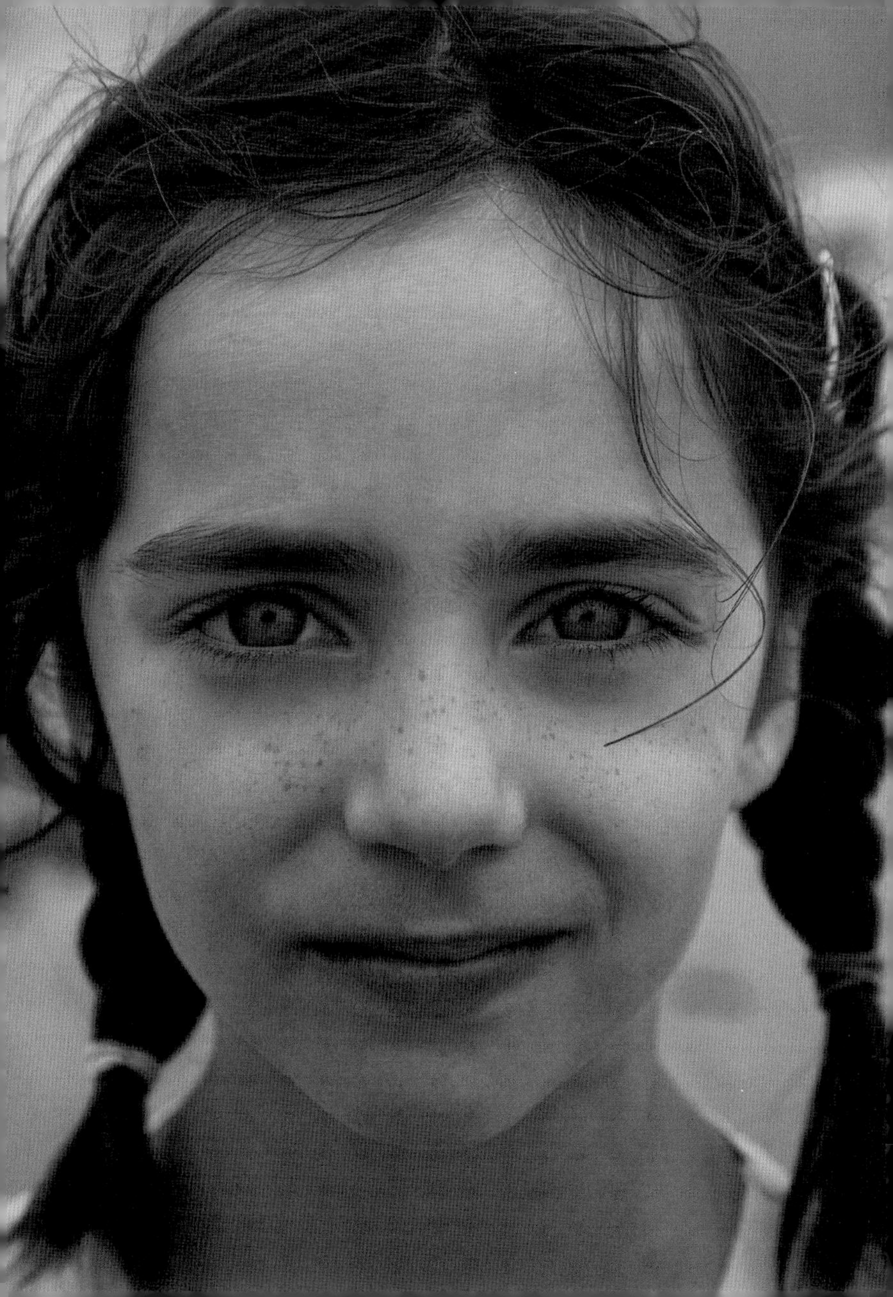

自分が一番好きなことを
やりましょう。
お金はその後です。

マーシャ・シネター
(作家/アメリカ)

MERRY Xmas

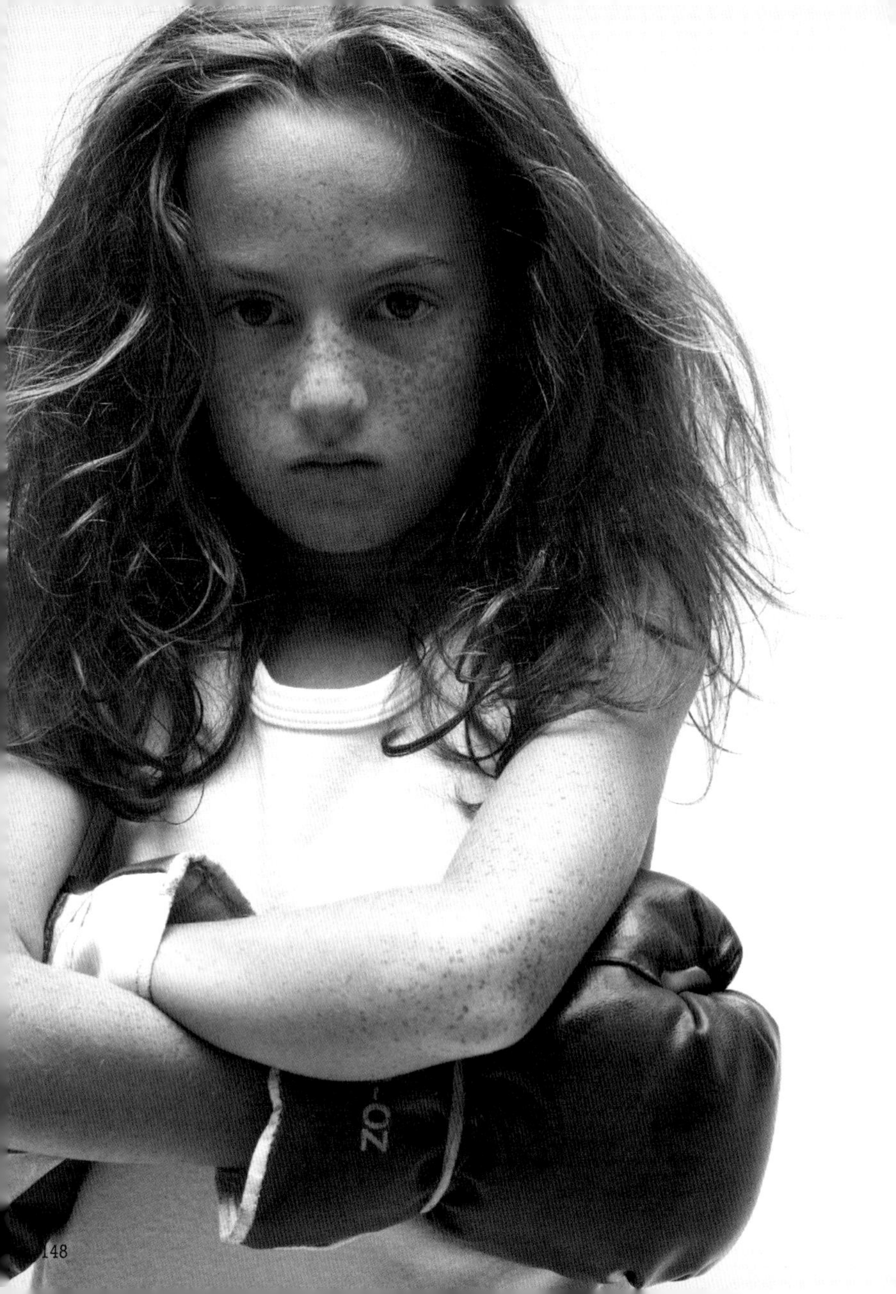

勝つために、
二度以上
勝負に挑まなくては
ならないときがある。

マーガレット・サッチャー
(政治家/イギリス)

衣服は身体を
隠すためではなく、
見せるために
あるのよ。

マリー・クワント
(ファッションデザイナー/イギリス)

151

幸せとは
生きる"姿勢"じゃないかしら。

みじめに生きるのか、
　それとも楽しく、強く生きるのか。

いずれにしても
費やす仕事量は同じ。

フランチェスカ・ライグラー
（芸術家）

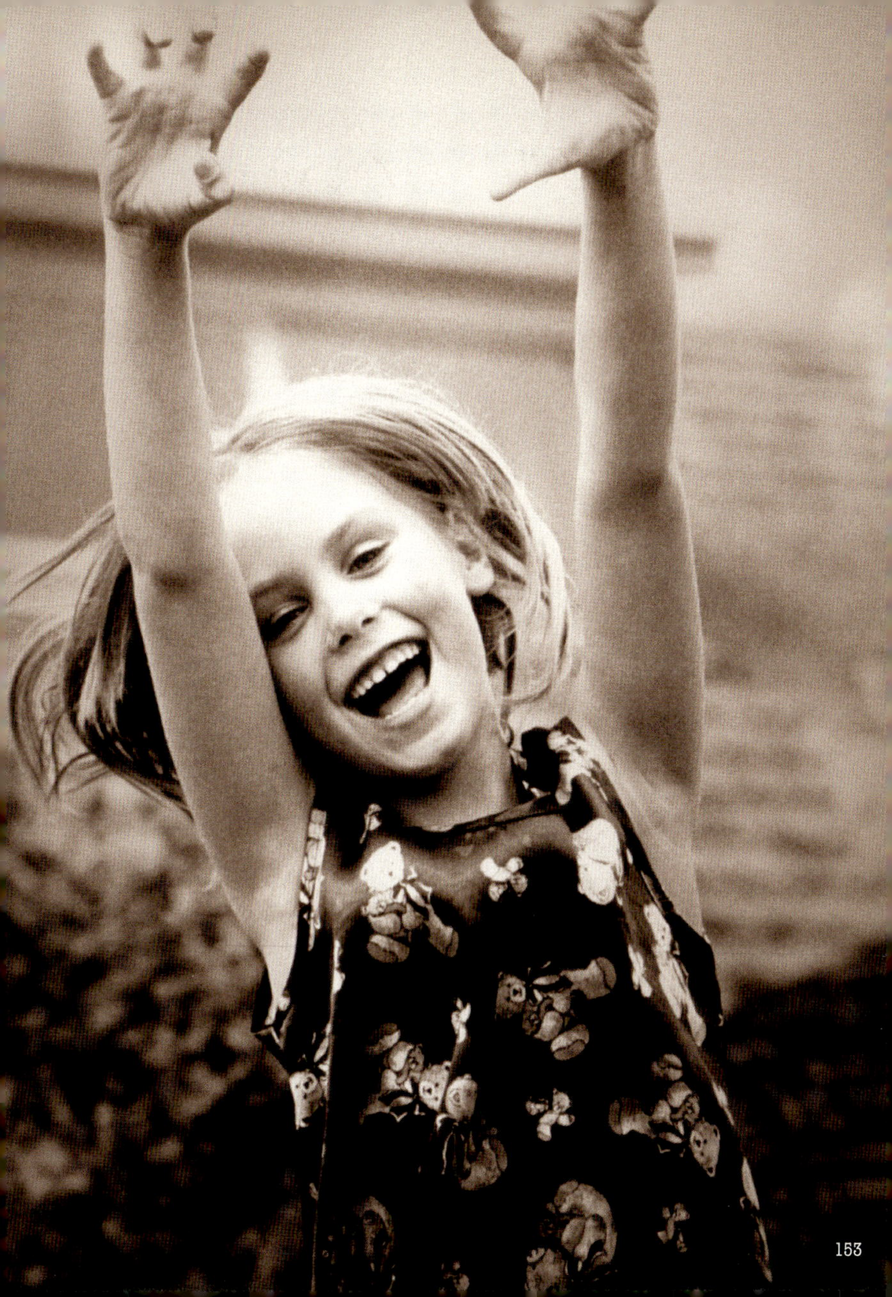

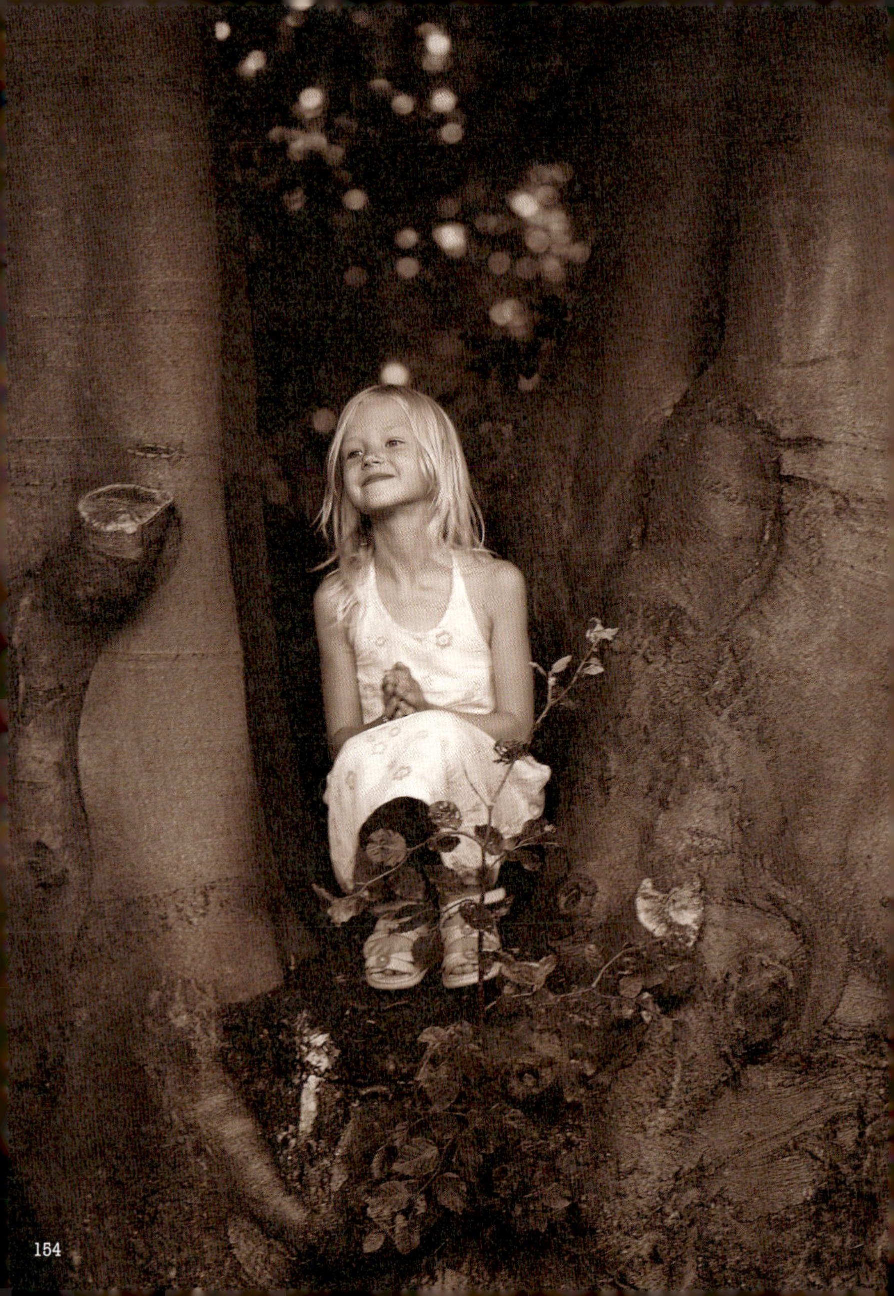

小さな声に

耳を傾けること。

その声は滅多に

わたしたちを

誤った方へ、

愚かしい方へと

導くことはない。

デファンド夫人
(侯爵夫人/フランス)

美しさは見る人の目の中にある。

マーガレット・ウルフ・ハンガーフォード
(作家/アイルランド)

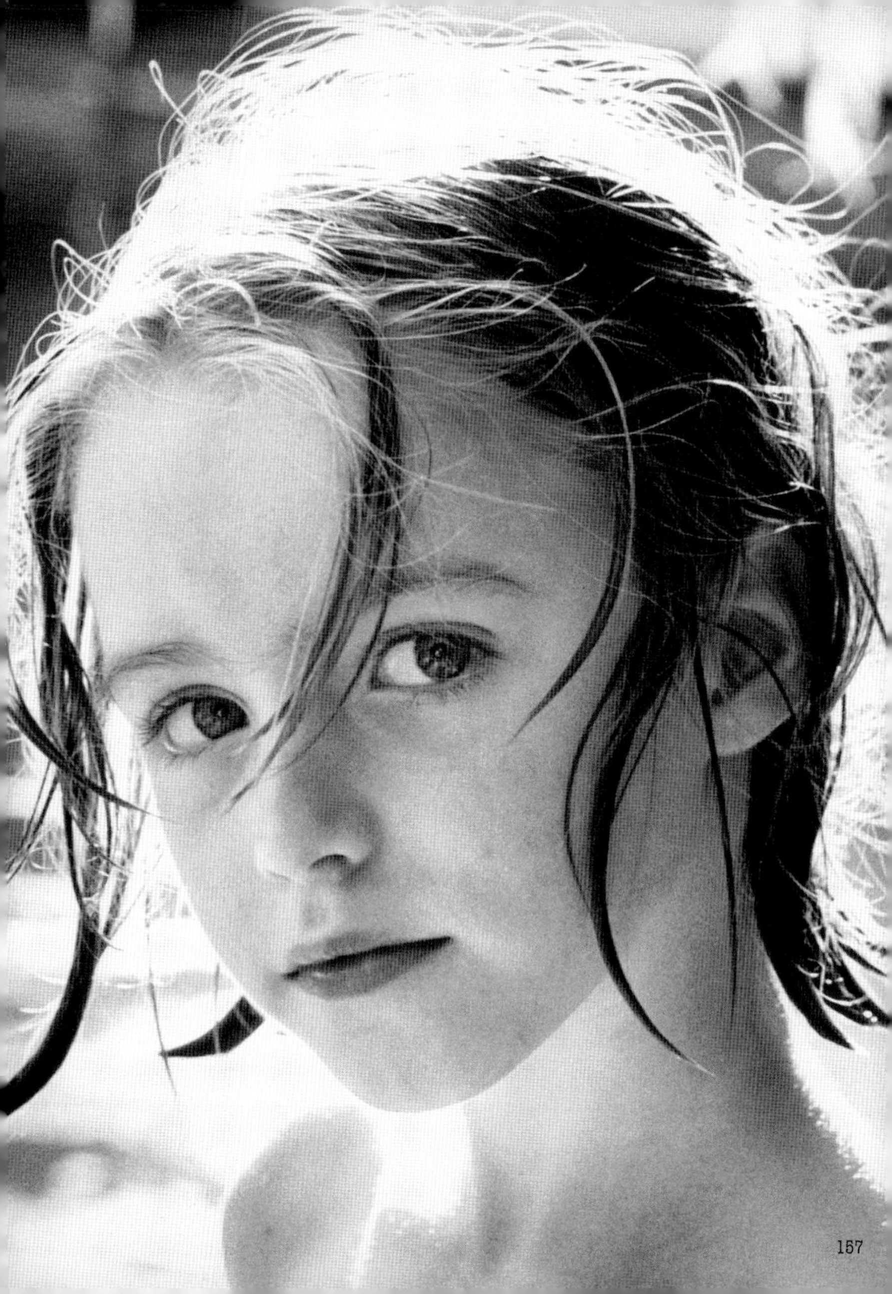

長めに寝よう。

パジャマのままゆったりくつろごう。

そしてベッドから出て、

どうやったらほしいものが手に入るか

計画を立てよう。

ケイト・ホワイト
(編集者、作家 / アメリカ)

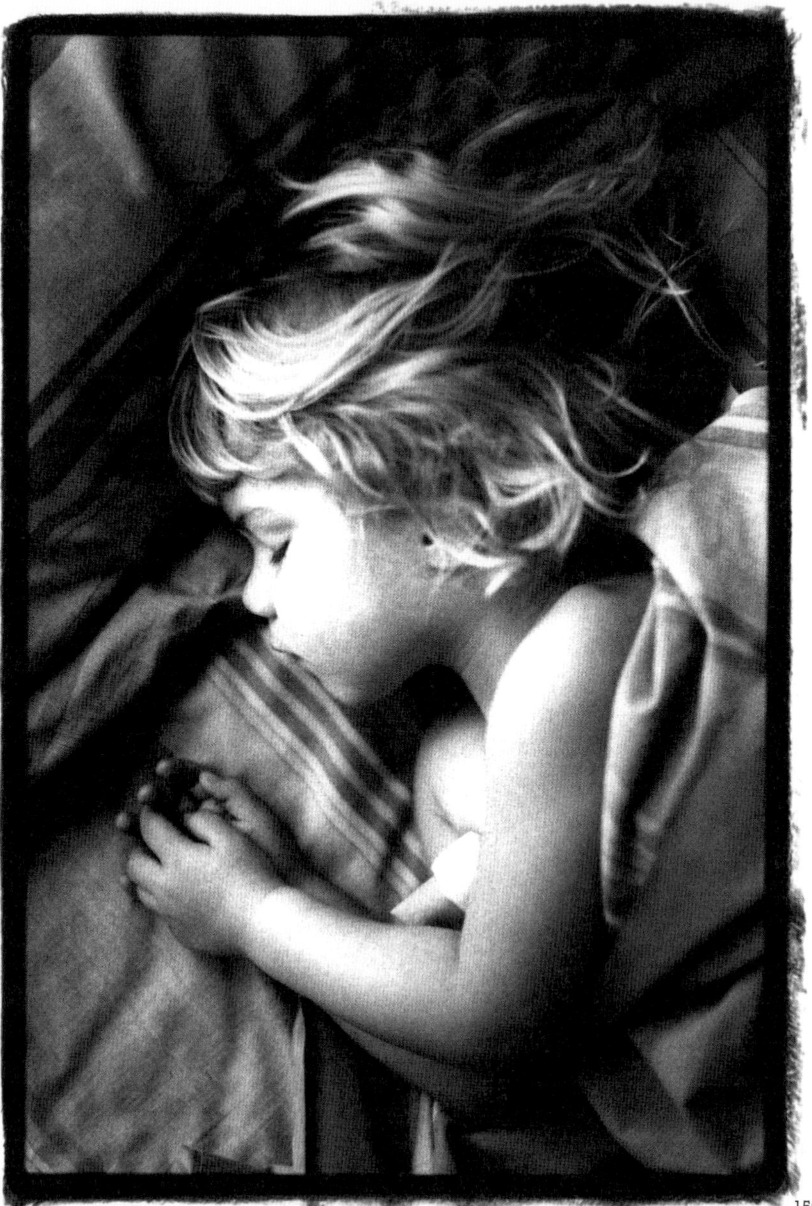

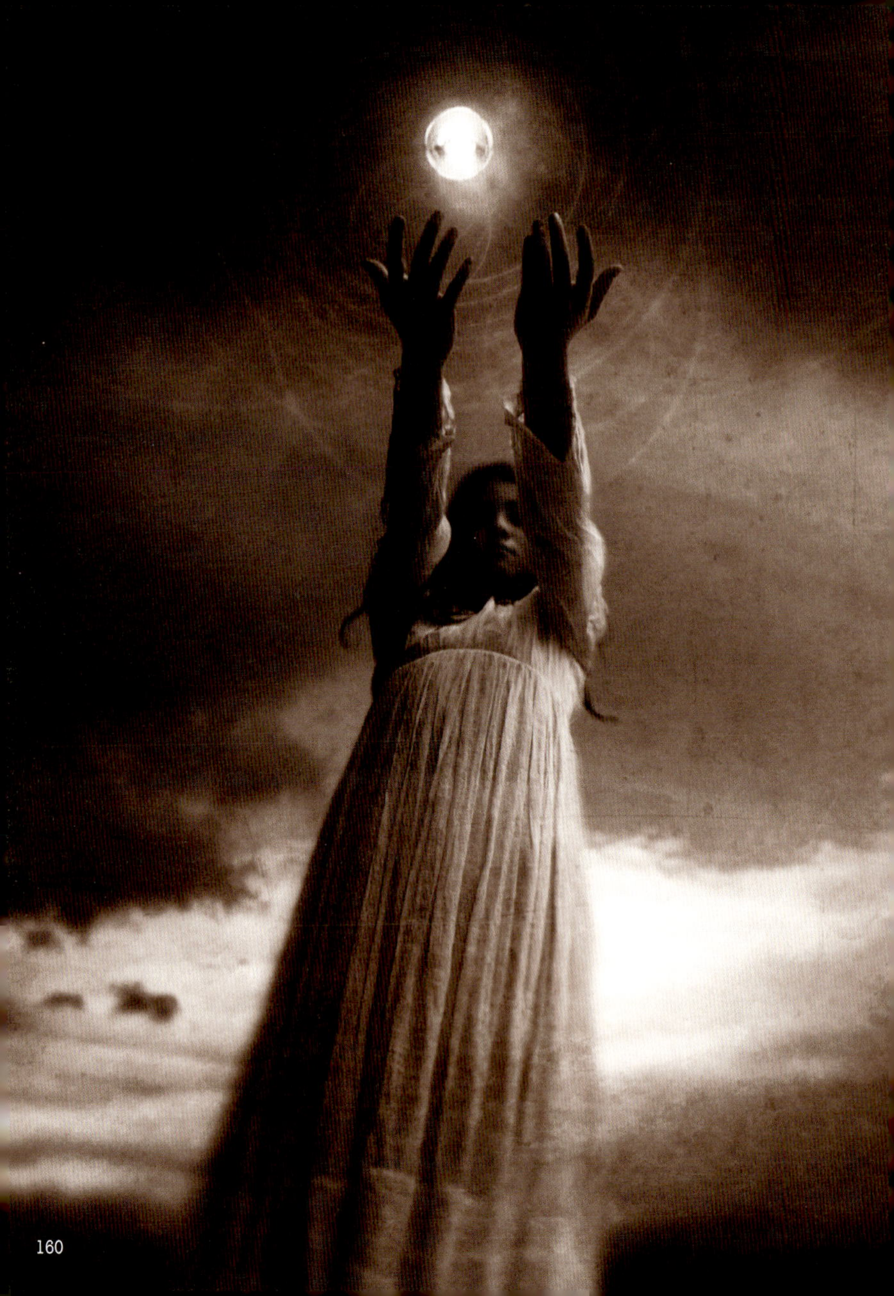

暗いと不平を言うよりも、
すすんで明かりを点けましょう。

新約聖書

生きながら、
苦しみながら、
間違えながら、
危険を冒しながら、
与えながら、
そして愛しながら、
わたしは
死を遠ざける。

アナイス・ニン
(作家/フランス)

163

\<Photo\>
Ariel Skelley/CORBIS
beyond/Corbis
David De Lossy/Photodisc/amanaimages
David Trood/Uppercut Images/amanaimages
I Love Images/Corbis/amanaimages
Rene Burri/Magnum Photos/amanaimages

Adrian Nakic/Getty Images
Alan Danaher/Getty Images
Amy Guip/Getty Images
ART SHAY/Getty Images
Brandy Anderson/Getty Images
Cameron Davidson/Getty Images
Camille Tokerud/Getty Images
Charriau Pierre/Getty Images
Constance Bannister Corp/Getty Images
Cultura/Nick Daly/Getty Images
David Oliver/Getty Images
Debra McClinton/Getty Images
E Dean/Getty Images
Ed Clarity/Getty Images
Eric O'Connell/Getty Images
Fox Photos/Getty Images
Fred Morley/Getty Images
Fredrik Skold/Getty Images
G W Hales/Getty Images
George W. Hales/Getty Images
Gregory Warran/Getty Images
H. Armstrong Roberts/Getty Images
Henrik Sorensen/Getty Images
Hulton Collection/Getty Images
Imagno/Getty Images
Ivy Reynolds/Getty Images
Jamie Grill/Getty Images
Joe Polillio/Getty Images
Joel Sartore/Getty Images

John Burcham/Getty Images
John Drysdale/Getty Images
John Pratt/Getty Images
JOHN SWOPE/Getty Images
Johner/Getty Images
Kamil Vojnar/Getty Images
Karin Smeds/Getty Images
Keiji Iwai/Getty Images
Kent Miles/Getty Images
Keystone Features/Getty Images
Lambert/Archive Photos/Getty Images
Liz McAulay/Getty Images
M.Kolchins/Getty Images
Marc Romanelli/Getty Images
Margaret Lampert/Getty Images
Michael Wilson/Getty Images
Pat LaCroix/Getty Images
Peter Beavis/Getty Images
Philip and Karen Smith/Getty Images
Photo by Matt Carey/Getty Images
Popperfoto/Getty Images
Priscilla Gragg/Getty Images
Robin Hill/Getty Images
Ron Levine/Getty Images
Sandra Steh/Getty Images
Sean Justice/Getty Images
Stockbyte/Getty Images
SuperStock/Getty Images
Tara Moore/Getty Images
Tim O'Leary/Getty Images
Tomek Sikora/Getty Images
Tony Anderson/Getty Images
Tosca Radigonda/Getty Images
Victoria Snowber/Getty Images

参考書籍

『The Girls' Book of Wisdom』
(Edited By Catherine Dee / MT Books)

『Great Quotes from Great Women』
(Compiled By Peggy Anderson / CAREER PRESS)

『LOVE ~Quotes and Passages From the Heart~』
(Edited By B.C ARONSON / RANDOM HOUSE REFERENCE)

『心コレクション』
(植島啓司著 / 文芸春秋)

『女を磨く ココ・シャネルの言葉』
(髙野てるみ著 / マガジンハウス)

他

参考ホームページ

『世界の名言・癒しの言葉・ジョーク』
(http://becom-net.com/)
『名言と格言集の「超集」』
(http://e-mog.net/)
『ウェブ石碑　名言集』
(http://sekihi.net/)
『心に残る人生の名言 - 偉人の名言集とその出典』
(http://www.mm-labo.com/)
『古今東西の名言・格言 魂を揺さぶる言葉たち』
(http://www.geocities.jp/)
『名言ナビ』
(http://www.meigennavi.net/)

その他、複数の個人サイトを参考にさせていただきました。

ときには好きなだけわがままになってみればいい。

アルファポリス編集部・編

2011年 11月 22日初版発行

編　集：太田鉄平／阿部由佳
発行者：梶本雄介
発行所：株式会社アルファポリス
　　　　〒153-0063東京都目黒区目黒1-6-17目黒プレイスタワー4F
　　　　TEL 03-6421-7248
　　　　URL　http://www.alphapolis.co.jp/
発売元：株式会社星雲社
　　　　〒112-0012東京都文京区大塚3-21-10
　　　　TEL 03-3947-1021
装丁・本文デザイン：ansyyqdesign
印　刷：大日本印刷株式会社

価格はカバーに表示されてあります。
落丁乱丁の場合はアルファポリスまでご連絡ください。
送料は小社負担でお取り替えします。
©AlphaPolis Co.,Ltd. 2011.Printed in Japan
ISBN978-4-434-16152-0 C0095